本书由河南财经政法大学华贸金融研究院重点资助，由河南省高等学校重点科研项目（23A790017）、河南财经政法大学博士科研启动基金资助

河南财经政法大学 | 数字经济系列丛书
HENAN UNIVERSITY OF ECONOMICS AND LAW

数字金融与经济高质量发展：
理论逻辑和经济效应

宋云星 ◎ 著

中国财经出版传媒集团

经济科学出版社
Economic Science Press

·北 京·

图书在版编目（CIP）数据

数字金融与经济高质量发展：理论逻辑和经济效应 /
宋云星著 . --北京：经济科学出版社，2023.11
（河南财经政法大学数字经济系列丛书）
ISBN 978 - 7 - 5218 - 4334 - 7

Ⅰ.①数⋯　Ⅱ.①宋⋯　Ⅲ.①数字技术-影响-经济
发展-研究-中国②金融-影响-经济发展-研究-中国
Ⅳ.①F124

中国版本图书馆 CIP 数据核字（2022）第 219704 号

责任编辑：王柳松
责任校对：王苗苗　刘　娅
责任印制：邱　天

数字金融与经济高质量发展：理论逻辑和经济效应
宋云星　著
经济科学出版社出版、发行　新华书店经销
社址：北京市海淀区阜成路甲 28 号　邮编：100142
总编部电话：010-88191217　发行部电话：010-88191522
网址：www. esp. com. cn
电子邮箱：esp@ esp. com. cn
天猫网店：经济科学出版社旗舰店
网址：http://jjkxcbs. tmall. com
固安华明印业有限公司印装
710×1000　16 开　13 印张　200000 字
2023 年 11 月第 1 版　2023 年 11 月第 1 次印刷
ISBN 978 - 7 - 5218 - 4334 - 7　定价：59.00 元
（图书出现印装问题，本社负责调换。电话：010 - 88191545）
（版权所有　侵权必究　打击盗版　举报热线：010 - 88191661
QQ：2242791300　营销中心电话：010 - 88191537
电子邮箱：dbts@ esp. com. cn）

目录 contents

第一部分 数字与科技

第二部分 数字金融与经济高质量发展关系的理论分析

第一部分

数字与科技

数据与科技的完美结合

第一节　新型战略资源——数据

迄今为止，人类经历过三次科技革命，第一次科技革命源于 18 世纪中叶蒸汽机的发明和广泛使用，开启了人类城市化的进程；第二次科技革命源于 19 世纪 70 年代，以电力为主导，推动了近代物理学、电磁学、力学和热学等多学科的发展；第三次科技革命源于 20 世纪四五十年代，以原子核能、航天科技、空间技术、生物工程以及电子计算机的发明和运用为标志，全面推动了新能源技术、生物技术等相关领域的诸多发展。第三次科技革命也是一部互联网深度发展与运用的历史，而基于互联网技术诞生的数据也在不断更新和沉淀，尤其是移动互联网设备，诸如手机、电子平板等的运用，使得全球数据储量呈现出指数级增长态势。

对于国家与民众而言，网络通信最大的优势在于覆盖的广度及大大降低的传输成本，具体来说，人们可以利用互联网不受空间限制地进行信息数据交换，同时信息更新速度很快，瞬时性使得人们可以进行低成本的互动交流，并且，随着计算机网络的进一步发展与更新换代，例如，智能计算机、生物计算机等设备的出现，使得有价值的信息被进一步整合，并以多种形式进行储存和分类，信息获取更高效的同时也愈发趋于个性化。

目前，人类大部分信息都以数字格式的形式存储、运输和使用。在数据激增的同时，也呈现出三个特点：（1）从数据深度来看，数据产生的频次在不断加大，意味着数据的积累速度激增；（2）从数据广度来看，数据的种类多元化，内容形态也更加多元化，例如，以文本形态、图像形态、语音形态以及视频形态等多种形态存在，而不同形态的数据也构成多层次的数据维度，为各行各业科学分析数据提供了平台；（3）从数据形式来看，数据已经由静态形式向动态形式转变，由结构化向非结构化转变。

庞大的数据资源成为人类社会发展的战略性资源，已经渗透到人类生活的各个方面，并推动各行业实现新的飞跃。首先，基于数据的数字技术与传统经济的有机结合，在赋能传统经济新增长的同时，带动经济效率提高，提升经济发展空间；其次，数字技术运用，通过对各行各业数据的采集和比较分析，对行业效率提高以及行业模式变革具有巨大的推动作用，这让数据具有真正意义上的价值，让数据产生效益。以美国为例，美国高度数字化行业的平均利润率，约为低度数字化行业平均利润率的3倍；再如，"区块链＋产业"的推进，为相关行业展现了巨大推动力，尤其是金融领域，相较于传统的数据库技术，区块链技术构建了一种低成本、高信任的分布式记账机制，这种独有的不可篡改的信任机制切中了传统行业的痛点，是未来构建新型信任体系不可或缺的关键技术。

虽然科技与数据之间的良性互动反馈机制使得数据的价值创造潜能大大提升，但是，我们也要充分认识到数据、数字化以及技术之间的关系。例如，数据概念与数字化概念是否可以相互转换。数据是一种资源，在现代社会可以作为一种战略性资源，而数字化则是基于数据基础上的，将场景与服务以数字方式运行的生态模式。技术是依赖于数据并随着数据总量规模层级的改变以及关联度的增加而发生变化的存在，例如，基于大数据的智能化驱动模式形态。

第二节　中国数字化发展状况

中国数字化发展不仅有巨大潜力，也在不断保持向上的趋势，2018年6月~2021年6月中国互联网规模，如图1-1所示，截至2021年6月，中国互联网用户总数达到101 074万人，互联网普及率为71.60%，而2018年6月，中国互联网用户总数只有80 166万人，互联网普及率为57.70%，中国庞大的互联网人口基数远远高于其他国家，尤其是中国30岁以下的年轻用户占比超过50.00%，形成了全球最为庞大、生机勃勃的数字社会，这将有助于数字技术的普及，对数字经济的规模化发展大有裨益。[①]

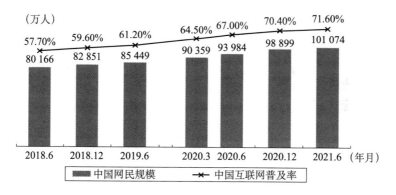

图1-1　2018年6月~2021年6月中国互联网规模

注：由于2021年第48次《中国互联网络发展状况统计报告》第17页的相关数据中缺失2019年12月份的数据，图1-1中未展示该时间段的趋势图。

资料来源：笔者根据2021年第48次《中国互联网络发展状况统计报告》，（https：//cit. buct. edu. cn/2021/0925/c7951a157922/page. htm）第17页的相关数据运用软件绘制而得。

庞大的用户量为中国数字科技企业的发展带来机遇的同时，也带来了极大的挑战，比如，在中国京东"618"、淘宝"双11"等特殊商品促销日，其销售量达到日常的十倍有余，因此，这需要对庞大的数据进

[①]　2018年2月28日国家统计局公开数据显示，http：//www.stats.gov.cn/sj/。

行解析和运行，而计算机的处理效率和学习能力依赖于人工智能技术的逐渐成熟，为中国数字型企业的创新和发展提供了坚实的基础。

目前，中国数字科技企业的商业领域已经延伸到社会生活的各个方面，中国各类互联网发展状况，如表1-1所示。截至2021年6月，中国有94 384万人观看网络视频（含短视频），63 769万人观看网络直播，全民购物方式也在发生改变，网络购物人数达到81 206万人，在线教育、在线医疗等多种传统行业与数字化结合的商业模式，也呈现出蓬勃发展的态势。

表1-1　　　　　　　　　中国各类互联网发展状况

应用	2020年12月		2021年6月		
	用户规模（万人）	网民使用率（%）	用户规模（万人）	网民使用率（%）	增长率（%）
即时通信	98 111	99.20	98 330	97.30	0.20
网络视频	92 677	93.70	94 384	93.40	1.80
短视频	87 335	88.30	88 775	87.80	1.60
网络支付	85 434	86.40	87 221	86.30	2.10
网络购物	78 241	79.10	81 206	80.30	3.80
搜索引擎	76 977	77.80	79 544	78.70	3.30
网络新闻	74 274	75.10	75 987	75.20	2.30
网络音乐	65 825	66.60	68 098	67.40	3.50
网络直播	61 685	62.40	63 769	63.10	3.40
网络游戏	51 793	52.40	50 925	50.40	-1.70
网上外卖	41 883	42.30	46 859	46.40	11.90
网络文学	46 013	46.50	46 127	45.60	0.20
网约车	36 528	36.90	39 651	39.20	8.50
在线办公	34 560	34.90	38 065	37.70	10.10
在线旅行预订	34 244	34.60	36 655	36.30	7.00
在线教育	34 171	34.60	32 493	32.10	-4.90
在线医疗	21 480	21.70	23 933	23.70	11.40
互联网理财	16 988	17.20	16 623	16.40	-2.10

资料来源：笔者根据2021年第48次《中国互联网络发展状况统计报告》第24页的相关数据计算整理而得，https：//cit. buct. edu. cn/2021/0925/c7951a157922/page. htm。

　　数字产业的生态边界不断扩展和延伸，从消费者角度看，数字与科技的结合以全方位的角度，在打破传统认知边界的基础上重新认知消费者偏好，基于数据的多维性和结构性深入分析消费者的基本特征，以此为消费者提供个性化服务和多元化服务，进一步加强大数据的价值基础。另外，从产业角度看，数字与科技的结合实现了行业之间交叉场景互动，例如，线上和线下融合，最终形成覆盖全行业线上业务范围和线下业务范围的数字经济生态发展模式。

　　值得一提的是，2020年初的新冠疫情使得世界上大部分国家陷入经济衰退，在此背景下更凸显数字化的重要性，截至2021年6月，中国在线办公用户规模达3.81亿人，比2020年12月增长近3 505万人，占网民整体规模的37.7%。① 同时，随着5G、大数据、物联网、人工智能等为代表的新型数字化基础设施建设的不断加快，在线会议、文档编辑等在线办公服务的响应速度、存储能力、功能适用性等不断创新发展。

　　事实上，正是基于中国庞大的数字化基础设施以及数字经济的发展，对缓解新冠疫情对于经济的冲击发挥了非常重要的作用（郭峰，2021）。虽然总体上新冠疫情严重冲击了线下商户，但也为线上商业模式的发展带来了新的思路，尤其是数字科技与数据的结合，能够有效降低传统信贷对企业的门槛歧视效应。总体而言，在新冠疫情期间，基于数字技术精准释放的信贷每增长1%，新冠疫情的冲击幅度下降2.57%。②

　　中国在技术条件、信息基础设施建设以及规模化发展上，已具备了大力推进数字化经济发展的土壤。首先，中国的移动互联网行业实现了弯道超车，在全球处于领先地位，基于移动支付衍生出多种创新性的商

---

　　① 2021年第48次《中国互联网络发展状况统计报告》，第29页，https：//cit. buct. edu. cn/2021/0925/c7951a157922/page. htm。

　　② 北京大学：《数字普惠金融指数2011～2020报告》，第8页，https：//www. idf. pku. edu. cn/yjcg/zsbg/513800. htm。

业生态模式，并且，庞大的移动互联网使用群体基数使得中国成为全球范围内有能力构建线上和线下一体化的国家；其次，芯片技术与 AI 技术的大力推进及向多行业渗透，不仅只运用在零售领域和物流领域，也正在逐步向传统金融领域扩展，这对传统金融发展模式的更新、升级起到至关重要的作用。

数字科技赋能变革

第一节 数字科技赋能金融变革

前文中，我们阐述了数据对于互联网的重要性，那么，国民经济发展的重要行业——金融行业是否可以拥抱互联网？我们知道，金融的主要功能是资金融通，无论是在以银行为中心的间接融资市场，还是在以资本市场为中心的直接融资市场，金融的任务都是实现资金的优化配置，通过资金期限、资金风险与资金结构的转换来平滑波动，并进一步降低成本，这个过程也使得行业劳动分工成为可能，最终带动经济发展。如果信息市场是完美的，那么，以上的金融预期目标是可以实现的，但是，现实世界尤其是在金融领域内信息不对称是常态。对于中国而言，一个最常见的例子是，在信贷市场上，传统银行如何在众多信贷需求企业中甄选优质企业予以贷款呢？通常的做法是，企业提供担保抵押品，但是，在现实中常见的最具发展潜力、具有科技创新能力并站在行业风口的中小企业没有能力提供足够的担保抵押品来获取贷款，同时，银行往往没有能力辨别受贷企业是否有能力偿还贷款，因此，不仅对于企业而言不利，而且银行系统也面临收不回贷款的风险，这些问题经过发酵演化，可能会引发一轮系统性金融风险。如果金融机构可以比较容易地获得企业相应的资质数据、经营状况数据，并且所付出的成本较低，那么，这些情况是可以减轻和避免的。传统金融机构与数字金融机构差异对比，见表 2 - 1。

表 2 - 1　　　　　　　传统金融机构与数字金融机构差异对比

模式	受众群体	数据形式	运营模式	数据处理能力	营销手段	用户反馈
传统金融机构	受制于物理网点，主要服务于大中小城市居民	线下数据为主，且主要依赖于交易数据	以人工处理方式为主	数据处理能力较弱，数据挖掘以及数据管理仍处于起步阶段，数据处理能力不足	营销渠道有限，营销成本高昂，无法做到差异化营销	遵守固定流程和固定模式，对于用户体验不够重视
数字金融机构	基于移动互联网模式，年轻客户占比较大，客户类别多元化，覆盖区域广泛	多种形式的数据，诸如，文本、语音以及视频等动态数据为主	数字化为主，且多种形式并存	数据规模庞大，拥有海量数据处理能力和数据分析能力	可以做到差异化营销，多维数据有助于客户分层，营销场景多元化	不以固定流程为主，重视用户差异化体验，以用户为中心且操作简单

资料来源：笔者根据相关互联网资料整理而得。

　　为了缓解信息不对称造成的危害，通常需要金融机构采取内部风险控制的办法，金融行业中的数据积累、数据交互以及数据存储已经可以为大数据、人工智能分析等技术的运用提供必要的技术条件。这样一来，一旦金融机构掌握了资金需求方（企业或消费者）的资信状况和经营状况，就可以通过大数据与云计算等数字技术来甄别其风险水平与收益水平，更易于金融机构作出决策。另外，传统金融机构往往通过信用卡的发行来获取消费者的信用记录。但是，目前仍有近一半的人口没有信用卡，无法从传统金融机构获得信贷资源。现在中国亟须摆脱传统的经济增长模式，转而向新科技、新能源、消费等内循环挖掘增长动力，因此，释放更多消费潜力是中国经济结构转型的重要推手。幸运的是，微信支付、支付宝以及京东金融等通过数字技术可以为每一位用户提供数字征信，并且，数字征信的数据可以通过日常缴费、购物等金融交易行为获得，这弥补了多数居民因没有信用卡而无法累积传统金融征信口径数据的缺陷。由此可见，数据、数字化科技与金融业有相似的共同发展基础，也是数字科技会率先在金融业引起变革的重要原因之一。

　　传统金融机构基于其规模、多年沉淀的线下数据，如果与数字科技相结合，那么，将有利于行业变革，未来会创造巨大价值，本章将传统金融机构提供金融服务与数字科技企业提供金融服务的异同进行了对比，这将有利于传统金融机构转型。表2－1从受众群体、数据形式、运营模式、数据处理能力、营销手段和用户反馈六个维度，对传统金融机构与数字金融机构进行对比、分析。传统金融机构主要指传统银行，依赖于物理营业网点，不利于金融服务覆盖广度的提升，尤其是边远地区和交通不便的区域，金融服务可达性大大降低，而数字金融机构则可以实现线上海量数据和线下海量数据的整合分析，打破物理营业网点的限制，深度挖掘用户，做到以用户为中心，用户越多，互联网科技平台越能发挥优势，多连接一个客户的成本几乎接近于零。数字科技企业也可以运用大数据分析每一位客户的财务状况、企业经营水平等，并且，可以实现对其信用水平的连续性追踪，因此，数字技术以及数据资源最终为缓解信息不对称提供了可能的解决方案。

　　另外，在产品方面，以传统金融与金融科技类企业的共同交叉点——信贷为例，数字科技的应用可以覆盖产品涉及的营销、审核、定价和风控等各个环节，从而使金融产品形成一个完整的全流程体系，最终实现数字化输出。同时，人工智能化的应用，也极大地简化了工作流程。但是，也要看到金融科技类企业的快速发展，仅在最近5年内才有了起色，金融科技类企业在资金规模上无法与传统金融机构相抗衡，因此，金融科技类企业可以与传统金融机构开展合作，一方面，有助于金融科技类企业创造更多流量并降低成本；另一方面，可以实现用数字技术服务金融机构，也有助于传统金融机构快速弥补技术上、管理上的短板，加快其数字化转型，实现真正意义上的"共赢"。

第二节　数字科技赋能经济高质量发展

经济高质量发展是中国"十四五"社会经济发展的主线，党的十九届五中全会指出，坚持创新在我国现代化建设全局中的核心地位，把科技自立自强作为国家发展的战略支撑。[①]

对经济社会长远发展具有重大的引领作用，数字化创新成为创新驱动发展战略的关键一环，同时，以各种通信数字科技，如云计算、大数据、人工智能、区块链、密码技术等的集合简称，即信息与通信技术（Information and Communication Technology，ICT）为主要内容的各种经济活动构成了广义上的数字经济。数字科技只有和经济活动融合，才能以数据为基础，以数字科技为载体推动经济活动效率提升并优化经济结构，为中国经济高质量发展打下坚实的基础。范合君等（2021）也表明，以云计算、大数据、人工智能、区块链等数字技术为主体的数字经济活动，可以显著地促进中国经济增长和经济高质量发展。

基于数字技术下的数字经济赋能经济高质量发展的渠道是多维的，借鉴罗以洪（2019）的研究可以分为以下三点。

（1）以数字化为直接产生价值载体的新兴产业，该类新兴产业中的一种类型主要使用大数据、区块链等技术，以深度挖掘高价值数据并对其进行存储、分析和可视化；另外一种类型是从事智能终端产品软件开发的产业，例如，虚拟现实、可穿戴设备、3D 打印等前沿性产业。数字技术处理数据流程，见图 2 - 1。

（2）数字科技和传统技术型企业融合产生的新兴产业。该类新兴产业主要通过以新技术替代旧技术，淘汰落后产能及推行新兴管理生态模式为主。最常见的有三种：第一种是智能制造产业，主要表现为在传统

[①] 人民网.《深入学习贯彻党的十九届五中全会精神》专栏，http://cpc.people.com. cn/n1/2020/1030/c64094 - 31911721. html，2020 年 10 月.

制造业中推行数字化技术，加强制造业数字化管理水平，工业 4.0 的全面实行在很大程度上要依靠数字化和智能化；第二种是对传统农业的改造，比如，将遥感、地理信息系统、全球定位系统等高新技术与传统地理学、农业发展等学科有机结合，实现农业生产过程的数字化和智慧化。中国农村地区环境复杂，不可能实行统一的生产模式和经营发展模式，因此，数字技术的运用使得因地制宜成为可能，比如，发展特色农业、智慧乡村观光旅游等模式；第三种是与新能源技术融合的相关产业。高质量发展中除了经济的稳健增长，"绿水青山就是金山银山"的理念也深入人心，智慧技术、智慧能源、清洁技术和零排放等数字技术在能源产业链中广泛运用，对中国传统能源排放以及生产方式产生了重大影响。同时，数字化技术运营可以更准确地监测和调整能源生产数据和能源排放数据，进一步提升绿色经济发展的深度和广度。

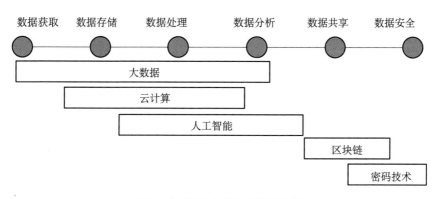

图 2 - 1 数字技术处理数据流程

资料来源：笔者根据中国人民大学与中信证券 2020 年联合发布的《数据要素与金融科技创新》报告第 9 页的相关内容整理绘制而得。

（3）以数字科技为核心的新兴服务产业。新兴服务产业主要分为八类，本章将其整理成表格。以数字科技为核心的新兴服务产业，如表 2 - 2 所示。总体来看，主要是数字技术向服务业扩散渗透，并促进新型数字化商业生态、服务创新的培育。

表 2 - 2   以数字科技为核心的新兴服务产业

产业类型	主要内容
数字旅游	利用数字技术加强旅游行业资源的开放与共享，将用户旅游需求和旅游服务体系相匹配，与此同时，可以实现旅游环境和虚拟现实的有机结合，实现用户体验最大化
数字健康	基于互联网技术，可以实现远程医疗、在线看病的新型模式，同时，将数字技术渗透、扩展到健康养生产业领域，最终实现线上和线下协同发展的医疗健康保健服务，大大节约了病人看病养生的成本
数字商务	依托数字化技术构建全网全渠道的即时响应电商运营体系，同时，基于大数据可以实现对产品质量的安全追溯，最终实现商品从生产到销售的线上、线下结合的新型网络销售模式
数字金融	基于大数据、人工智能以及互联网信息技术与传统金融服务深度融合的新型金融生态，主要面向个人、企业以及政府，可以很好地减轻和避免传统金融信息不对称等问题
数字物流	基于数字技术、大数据等实现供应链实时跟踪和信息共享，并通过数字物流平台与电子商务平台对接，实现数字化配送体系，推进电商服务和物流服务的协同发展，进一步提高配送效率并节约成本
数字文化	通过数字技术，推动广播影视、音乐、动漫、网游、互联网媒体以及文化艺术设计新业态发展，同时，以建设数字文化创意产业园的形态推广传统民族文化
数字平台	对基于互联网的网络平台产业提供数字化专业服务，进一步协调线上和线下融合以及跨平台融合，引导互联网平台产业向个性化、特色化、专业化以及垂直化深度发展
数字共享	培育数字分享平台，鼓励大中型企业将部分闲置生产要素向社会共享开放，提升产业间协同发展效率。发展教育资源共享，借助数字化公共基础设施，最大限度地挖掘教育科研的价值，最大化教育的社会收益，充分发挥其正外部性

资料来源：笔者根据相关网络资料整理而得。

　　由此可见，数字科技（云计算、大数据、人工智能、区块链、密码技术）已经渗透到经济生活的各个方面，其核心技术除了对经济发展有直接贡献外，也实现了传统行业之间的跨行业融合发展，产业之间的替代性与互补性进一步增强。

　　毫无疑问，在数字化时代，作为一国经济发展的血液，金融与经济发展模式都发生了新的变革，目前，中国在数字金融领域走在了世界前列，并且，很可能在未来很长一段时间内继续引领国际潮流，那么，数字金融是否会面临历史上难得的机遇即数字金融和中国现阶段经济结构转型所要求的高质量发展是否密切关联，能否助力中国完成经济结构转型，走上经济高质量发展的快车道？当然，对这些问题的回答是多元甚至是多维的，本章虽然阐述了数字科技与数字金融以及经济高质量发展的关联性，但后两者的关系如何是本书重点讨论的问题。

第二部分
数字金融与经济高质量发展关系的理论分析

第三章　数字金融发展相关文献研究

第一节　数字金融的经济效应

第三次工业革命以互联网为标志推动诸多领域的发展，互联网不仅是通信技术，也是对社会多维度产生重要影响的通用技术。既有研究表明，互联网的低成本优势在刺激经济增长、促进国际贸易方面具有显著优势（Blum et al.，2006；Bakos，1997；Czernich et al.，2011）。虽然中国互联网发展迅速，普及率较高，但是，在世界范围内，互联网的发展还是极度不平衡的，例如，全球收入最低的20%人口仅占有全球GDP总值的1%，并只占全球互联网用户总数的0.2%，这表明，在全球范围内互联网发展存在被边缘化或者被隔离化的现象。[①]

胡鞍钢等（2002）、奎布里亚等（Quibria et al.，2003）基于跨国数据研究了经济发展、对外开放程度以及信息技术的使用对数字鸿沟的影响，研究结果表明，数字鸿沟无法使居民享受互联网行业发展带来的行业红利，例如，高薪就业的机会、投资机会等，并且，互联网的技术偏向性将进一步导致收入分配不均等和贫困率攀升（Dijk et al.，2003）。也有研究文献表明，中国东南沿海一带数字基础设施较完善，居民受教育水平较高，金融素养比中西部地区居民高，导致区域经济发展不平

---

① 　根据联合国数据计算整理而得。

衡，特别是当数字化发展与减贫目标存在冲突、偏差时，更可能导致收入差距拉大（邱泽奇等，2016；Balkenhol，2007；Roodman et al.，2014）。

近年来，中国各个层面的社会经济活动逐步呈现出网络化和数字化的特点，以数据资源为关键生产要素的数字经济正逐步在各个领域革新或者赋予传统行业新的动能。从 2004 年支付宝推行开始，中国数字支付极大地改变了人们生活的各个方面。2016 年，在杭州举办的 G20 峰会通过的《G20 数字普惠金融高级原则》成为中国政府在该领域具有国际话语权的指导性文件，体现了国际社会对中国在数字金融领域取得一系列成果的肯定。[①] 中国数字金融对经济的影响，不仅体现在数字金融具有数字经济属性以及互联网属性，而且体现在数字金融具有传统金融的属性。而传统金融对经济影响的研究皆表明，金融的实质是通过提高储蓄转化为投资的效率促进经济增长。古德史密斯（Goldsmith，1959）开创了金融发展与经济增长关系研究的先河，莱文（Levine，1997）通过重新定义金融功能，认为金融系统提供的服务质量是非常重要的。林毅夫（2009）研究表明，金融结构不是外生决定的，而是取决于不同经济发展阶段经济结构的要求，因此，金融配置资源的方式是由经济发展阶段内生的。张思成等（2016）基于包括中国在内的跨国面板数据分析，揭示了金融结构、金融服务和金融法律与经济增长之间的长期均衡关系，指出不同的金融结构理论不是相互排斥的，而是互补的。

对于实体经济，莱文（2005）的经典研究认为，发达的金融体系可以有效地缓解企业的融资约束，同时，基于金融加速器理论，虽然信贷摩擦造成了经济大幅波动，但信贷波动恰恰是融资约束的重要决定机制。数字金融作为金融产业和数字产业的结合体，完全具有或者部分具有上述金融特性，虽然目前研究数字金融的文献仍然较少，鲜有直接讨论

---

① 2016 年二十国集团数字经济发展与合作倡议，http：//www. g20chn. org/hywj/dncg-wj/201609/t20160920_ 3474. html。

数字金融与经济增长关系的相关文献，但是，传统金融发展与经济增长关系的相关研究文献，可以为本书提供研究基础和研究思路。也有相关中文文献从企业创新、城乡收入差距、减贫效应、居民消费等渠道讨论数字金融的经济效应（谢绚丽，2018；黄益平等，2018；何宗樾等，2020），但大部分基于宏观数据进行分析，且没有构建一体化的分析框架。

本章基于数字技术的数字金融，相较于传统金融发展模式进一步深化金融属性，拓展金融服务的可达边界，降低交易成本，缓解居民和企业的信贷约束，最终促进经济增长。但中国在数字金融发展过程中也曾经发生过一系列不利因素，例如，中国数字金融发展初期以 P2P 网贷为代表的互联网平台频频出现庞氏骗局，校园贷、暴力催收等恶性事件一度给数字金融的发展蒙上了阴影。

第二节　普惠金融的发展历程

普惠金融的概念，最早是在联合国 2005 年"国际小额信贷年"宣传中提出的，联合国将其定义为能有效、全方位、方便地为社会所有阶层和群体提供服务的金融体系。作为符合普惠特征的金融需要满足三个基本要素：（1）普惠金融的服务对象以落后群体以及低收入群体为主；（2）改善金融基础设施，提高金融服务覆盖比例；（3）商业金融服务具有可持续性，并非通过政府行政命令强制金融机构将其业务调整为向弱势群体提供补贴、政府担保等。

普惠金融的概念是在 2005 年"国际小额信贷年"的宣传中引入中国的，此后，不断进行完善及推广，普惠金融的本质仍然是发展，并倡议各国在普惠金融问题上相互协调和相互沟通，以提高消费者保护为基本条件，建立惠及所有国家和民众的一体化金融体系。[①] 2013 年底，在党的十八届三中全会通过的《中共中央关于全面深化改革若干重大问题

---

① 胡锦涛在二十国集团领导人第七次峰会发表专题讲话，https：//epaper. gmw. cn/gmcb/html/2012 – 06/21/nw. D110000gmrb_ 2012 – 06/21_ 3 – 01. htm？div = – 1.

的决定》中，明确提出了具体的金融改革方案，其中，就包括普惠金融。① 2015 年底，《推进普惠金融发展规划（2016~2020 年）》中明确了普惠金融发展的基本原则，即具体的相关政策：普惠金融的基本要素为机会平等原则与商业可持续性原则，要加大政策扶持力度，进一步提高金融基础设施建设水平，在为社会各阶层和各群体提供有效金融服务的同时，兼顾成本收益原则。② 至此，大力发展普惠金融，已经成为中国金融改革政策领域的重要一环。

近十几年来，普惠金融概念提出并形成最终政策性文件，但是，中国普惠金融的实践早在 20 世纪 90 年代就已经得到落实。例如，最早的公益性质小额信贷，甚至农村信用社其实也可以被称为普惠金融的一种形式，主要原因在于，农村信用社的服务宗旨是帮助农民在生产环节、流通环节、买卖交易环节进行资金融通。中国普惠金融的发展历程，见表 3-1。

表 3-1　　　　　　　　　　中国普惠金融的发展历程

发展阶段	主要标志	主要特征
公益性质小额信贷（20 世纪 90 年代）	1993 年，中国社科院农村发展研究所在河北省易县建立了中国首家小额信贷机构——扶贫经济合作社，以改善贫困户的经济状况	公益性质小额信贷来源主要是个人或者国际机构的捐助以及软贷款，致力于改善农村地区的贫困状况
微型发展性金融（2000~2005 年）	中国银行提出采取一次核定、随用随贷、余额控制以及周转使用的管理办法，开展基于农户信誉，不需要抵押或者担保的贷款，并建立农户贷款档案，农户小额信贷得到全面发展	这一时期，再就业以及创业对资金产生大量需求，正规的金融机构开始全面介入小额信贷业务，形成了具有一定规模的微型金融体系，这为大力促进就业和改善民生做出了重要贡献

① 新华网. 2013 年 11 月 15 日——中共中央关于全面深化改革若干重大问题的决定，http://www.xinhuanet.com//politics/2013-11/15/c_118164294.htm.
② 国务院于 2015 年 12 月印发《推进普惠金融发展规划（2016~2020 年）》的通知，https://www.gov.cn/zhengce/content/2016-01/15/content_10602.htm.

发展阶段	主要标志	主要特征
综合型普惠金融（2006~2010年）	2005年中央"一号文件"明确提出：有条件的地方，可以探索建立更加贴近农民和农村需要，由自然人企业发起的小额信贷组织①	小额信贷组织和村镇银行迅速兴起；银行金融服务体系逐步将小微企业纳入服务范围；普惠金融服务体系提供支付、汇款、借贷、典当等综合金融服务，并且进一步向网络化和移动化发展
创新型互联网金融（2011年至今）	余额宝等新型互联网金融产品逐步为社会各群体提供互联网支付、互联网借贷以及互联网理财等丰富多样的金融服务	创新型互联网金融在此阶段得到了快速发展，逐步规模化。这一阶段形成了以第三方支付、移动支付替代传统支付，以P2P信贷代替传统存贷款业务，以众筹融资代替传统证券业务的发展趋势，目前，仍然在进一步创新过程中

资料来源：焦瑾璞，黄亭亭，汪天都，等. 中国普惠金融发展进程及实证研究［J］. 上海金融，2015（4）：12－22.

　　传统金融机构对客户和企业调查的主要方式，是看潜在债务人是否具有贷款的资产抵押基础，低收入者和中小企业特别是小微企业缺乏资产抵押、信用担保等基础，它们往往是被传统金融部门忽略的对象，因此，发展普惠金融是一个世界性难题。"二八定律"在传统金融发展中普遍存在（20%的客户创造了80%的利润），金融机构的服务不再具有普适性，而是花费大量资源在20%高净值客户身上，这会导致80%群体即便具有借贷需求，却因硬件信息缺乏，导致传统银行对其进行风险定价的成本过高，因此，传统普惠金融在发展推广过程中并未取得太大突破。不过，随着互联网的大力推广，特别是2013年余额宝上线，中国进入了互联网金融快速发展阶段，互联网金融能否成为一种具有可持续性、包容性与广泛性的有生命力的金融形态？本章将在第三节给出答案。

———————

　　①　中国普惠金融发展进程及实证研究，http：//www. pbc. gov. cn/redianzhuanti/118742/4122386/4122692/4123115/4123487/index. html。

第三节　数字技术推动普惠金融发展

（一）数字普惠金融概念

中国互联网金融的发展，初期虽然经历了"野蛮生长"，但是，在金融监管措施收紧之后，互联网金融乱象得到了遏制，毫无疑问，随着金融监管政策进一步完善，互联网金融在未来将得到进一步发展。与此同时，互联网金融与金融监管的关系是互补的，互联网中的重要技术，如移动终端和大数据分析也在潜移默化地影响金融决策的变革力度以及金融监管力度。

作为数字经济发展最重要的组成部分，数字金融在互联网技术的基础上与传统普惠金融结合，互联网行业的长尾效应和大数据分析赋予了数字金融的普惠属性，或者说数字金融天生具有普惠性（黄益平，2016）。2016 年，金融稳定理事会（Financial Stability Board）对金融科技的定义为：金融科技是指，通过互联网技术带来的金融创新，能够通过创造新的业务模式、新的产品与新的流程等对传统金融机构、金融市场和金融服务产生冲击。2019 年，中国人民银行印发的《金融科技发展规划（2019～2021 年）》对金融科技的定义是技术驱动的创新，旨在运用现代科技成果改造或创新金融产品、金融经营模式、金融业务流程等，推动金融发展提质增效，因此，数字金融、互联网金融、金融科技三个概念基本相似，目前，最被大众认可的还是数字金融。

数字金融机构主要以信用贷款为主，共享和公平成为其价值评判的核心准则。数字普惠金融发展主要是指金融的包容性，一般是指拓宽金融广度，强调公平配置资源的可行性和商业发展的可持续性，强调让弱势群体得到参与和享受公平金融服务的机会。公平理论来源于经济正义理论，早期经济学家主要强调效率在福利经济学中的地位，但也有经济学家认为，国民收入增加主要以经济效率为基础，而分配的原则是经济公平问题，公平与效率都不能偏废（庇古，2006）。金融领域的公平与效率历来是基本对立的，其实，公平与效率两个目标是可以共存且相互协调的，追求金融公平有利于市场整体利益最大化，金融公平反过来又可以进一步提高金融效率，只要以合适的金融效率进行配合，两者可以达到帕累托最优，我们可以简单地借鉴"囚徒困境"博弈模型进行阐述。金融市场中效率与公平博弈模型，如表3-2所示。

表3-2　　　　　　　　金融市场中效率与公平博弈模型

合作方	乙方（合作且追求金融公平）	乙方（不合作且追求金融效率）
甲方（合作且追求金融公平）	10, 10	15, 0
甲方（不合作且追求金融效率）	0, 15	2.5, 2.5

资料来源：笔者根据"囚徒困境"理论计算整理而得。

　　表3-2向我们展示了当甲乙双方合作（双方均追求金融公平），且目的均为追求金融效率时，双方的共同收益最大，可以在合作中实现利益共享，此时，总利益是20，即使对方选择不合作时，单个合作方（遵循公平原则）虽不能实现收益最大化，但是，遵循公平原则一方的利益也能得到基本保障（此时，收益是15）。

（二）数字技术助力普惠金融实现的技术路径

　　数字技术能否实现普惠金融？虽然在本书第一章和第二章我们进行了探讨，但并未深入讨论细节，下面，将具体探讨数字技术是如何传播并影响普惠金融的。

1. 数字技术革命有利于包容和可持续增长

　　第三次技术革命的三大技术标志是大数据、人工智能和机器学习，这些技术超越了原有技术对社会经济带来的变革，主要在于数据成为推动普惠经济增长的关键性战略资源，且数字技术具有以下三个特征。

　　第一，数字技术普及门槛低。移动互联网的使用以及智能手机所要求的教育技能门槛相对较低，并且，本次数字技术革命正以前所未有的指数化速度渗透到世界各地。低利润、轻资产、可扩展性、创新能力以及易合规的特性，成为了移动支付，诸如，支付宝和经由手机进行汇款、转账、支付等金融方面交易的行动支付服务（M – PESA）成功的关键（Lee et al. , 2015）。

第二，数字技术降低了使用成本。目前，全球化的互联网络使得信息共享速度具备瞬时性，信息共享实现的技术可能性主要源于数字处理信息成本下降，呈现指数化趋势。目前，在低收入国家也有相当大规模、相当大比例的人群拥有手机，使用移动网络，因此，数字信息传播的成本下降极大地扩大了数字信息的覆盖范围，并且，数字信息的复制、再编辑等成本几乎为零，这就使得数字信息不具有竞争性，可以同时被多个用户消费和拥有，使产品和功能惠及所有人。

第三，数字技术打造新的双边平台。传统的市场交易平台局限于区域物理位置，容易产生各种形式的壁垒，导致交易成本上升。数字技术的运用改变了企业与市场之间的关系，促进第三方平台——数字平台的诞生（Tirole，2014）。数字平台可以让有参与意愿的所有利益相关者充分参与，通过双方互动与双方交流提升网络平台的经济价值，同时，运用数字信息技术进一步实现平台内部协作甚至跨平台合作，有助于实现资源的优化配置。传统自由市场受制于搜寻成本，而数字技术在降低搜寻成本方面有独特优势，比如，可以提供智能搜索工具进行商品筛选和商品匹配等，再比如，电子合同的签署大大节省了人力成本、物力成本，进一步提高了市场效率，因此，通过数字技术打造新的双边平台有助于减少市场摩擦。

2. 数字技术有助于提升金融包容性

金融包容性是普惠金融的核心原则，通过数字技术将数据资源、技术资源和金融要素结合，在提升金融配置效率的同时，在金融领域解决传统行业领域的以下三大难题。

第一，信息不对称。传统金融关于信息不对称的研究文献汗牛充栋，但在传统金融学框架内很难真正处理信息不对称的影响。数字科技可以将数据作为信息载体，通过大数据技术获取及处理人工无法解决的信息不对称问题，降低金融供需端的资源错配问题，缓解其供给约束。

第二，风险溢价。因为传统金融系统信息不对称，所以，很难对风险进行量化分析，无法进行准确有效的资产定价，风险识别的关键在于信息获取与信息利用，与传统金融机构需要获得贷款人收入证明和抵押证明不同，数字金融则更多的倾向于信用贷款。这意味着，需要以用户在互联网上沉淀的大量行为和身份信息为基础进行风险衡量，数字技术可以通过提升非对称数据的可获取性，提升大数据分析的准确性，最终提升资产风险定价能力。

第三，优化资源配置效率。基于大数据、人工智能和机器学习，微观层面的金融风险溢价评估能力得到提升，这将促进不同风险偏好的资金供需双方得到精准匹配，反映到宏观经济层面，既代表全社会的资源配置效率得到全面提升，又实现了金融资源配置的帕累托改进。

由此看来，数字技术能够很好地改善传统金融在信息不对称、风险定价以及优化资源结构方面的缺陷，并且，数字技术的着力点在于数据要素的运用，而数字金融活动对数据的运用逻辑在于运用信息技术强化场景金融数据的挖掘工作。场景金融是指，通过数据将消费场景、生产场景、社交场景相互融合成消费金融、供应链金融和社交金融的新型金融生态。因此，数字技术赋能金融在于对金融数据的处理。数据和科技与金融的融合，在未改变传统金融基本逻辑的前提下，大大拓展了金融活动的参与群体，提高了金融业务的经营效率，实现了金融资源的有效配置。数字金融的发展模式保留了每一位客户的海量数据，并通过大数据技术、人工智能识别将信贷产品推送至海量客户，可谓颠覆了传统金融市场的"二八定律"，因此，数字技术大大提升了金融包容性。

第四节　数字普惠金融指数编制

（一）数字金融指数

要深入剖析数字金融对社会经济的影响，需要量化其发展态势。因为数字金融的概念是多维的，度量其发展状况的方法涉及不同维度，采用的方法也不尽相同，所以，构建一套完整、科学的数字金融指标体系尤为重要。

在 2008 年金融危机之后，金融包容性逐渐提上日程，比如，普惠金融协会（Association of Financial Inclusion）提出的包容性金融指标体系，包括金融可获得性与金融服务的两个维度、五个指标。2013 年成立的全球包容金融合作组织（Global Parternship for Financial Inclusion）则将维度扩大到三个，增加了使用情况维度，由 19 个指标体系构成。在国际范围内，全球普惠金融数据库（Global Financial Inclusion Database）是由世界银行与梅琳达·盖茨基金会合作开发的，该指标体系由金融账户普及使用行为、借贷行为、保险行为以及存款行为四大板块组成，并按照不同人群的特点，诸如年龄、教育水平、收入状况等分解为不同维度，该数据库的样本来源较为丰富和客观，主要基于全球 15 万成年人开展的抽样统计调查得到。

为了贯彻落实国务院关于《推进普惠金融高级原则》的要求，2016 年底，中国人民银行出台了一套中国版的数字普惠金融指标体系，包括使用情况、可得性以及质量三个维度，共计 21 类 51 项指标。① 随着相关网络通信技术水平和电子商务的蓬勃发展，虽然中国数字金融发展极为迅速，但是，却面临着监管方面相对滞后的问题。同时，互联网的发

---

① 中国人民银行发布 2017 年中国普惠金融指标分析报告，https：//www.gov.cn/xinwen/2018－08/13/content＿5313588.htm。

展可以极大地摆脱传统金融对物理营业网点的要求，具有更大的低成本优势。移动互联网的使用，更是为广大欠发达地区提供普惠金融创造了很好的条件（焦瑾璞等，2015）。因为对于数字金融的研究仅限于理论阐述和政策分析，所以，对数字金融测度的需求与日俱增。

　　数字金融指标体系构建的前提是拥有海量数据以及准确、完整的指标体系，随着移动互联网、人工智能、大数据技术的发展，数字技术以及相应的多维指标体系已经日趋成熟。目前，对其最权威的解读来自北京大学数字金融研究中心，该中心推出的中国数字金融指标体系也是目前中国政策实践以及学术研究最广泛使用的指标体系。该指标体系的构建主要遵循三大原则：（1）基于数字金融的内涵和特征，每一个指标和维度都应该涉及其本质要求或者总体框架中的某一个视角，并且，考虑数字金融服务的覆盖地域和使用深度，充分反映数字金融普惠精神；（2）数字金融伴随着社会经济和金融体系的发展而处于动态变化之中，考虑到中国不同地区经济金融发展的不平衡性，这种不平衡性应该也在数字金融上得到体现，因此，数字金融还应该体现不同地区、不同时间上的变化，即从横向地区维度和纵向时间维度进行比较分析；（3）数字科技赋能金融行业的发展不仅意味着传统金融体系的数字化（信贷），而且，要关注新型金融生态体系。例如，支付、投资、货币基金、信用服务以及保险等数字化新业态，因此，数字金融应考虑服务的多维度、多层次化，最终全面刻画中国数字金融发展的整体水平。

　　图 3－1 清晰、直观地展示了数字普惠金融指标体系框架，覆盖广度指数、使用深度指数以及数字化程度指数三个维度。其中，数字化程度指数主要是指，数字金融支持金融服务的程度，主要聚焦于金融服务的便利性和低成本，相较于传统金融服务，便利性和低成本是数字金融的特色优势，也是彰显其普惠性的特色优势，因此，金融科技，如大数据、云计算以及区块链技术的运用，可以进一步推动金融基础设施的信息化，提升市场主体交易效率。数字化程度指数由移动化指数、实惠化指数、信用化指数和便利化指数组成。

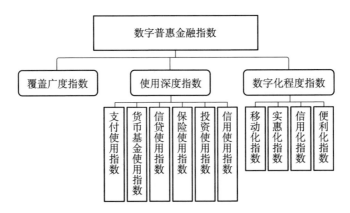

图 3 - 1　数字普惠金融指标体系框架

资料来源：笔者根据北京大学数字金融研究中心 2020 年《北京大学数字普惠金融指数》报告第 38 页整理绘制而得。

　　覆盖广度指数，主要反映了数字金融服务的供给能力，比如，数字金融服务的辐射范围，并且，覆盖广度的提升具有长尾效应，能够扩大受惠群体。覆盖广度指数组成较为单一，主要包括账户覆盖率。

　　使用深度指数，主要侧重于数字金融服务的需求端，反映数字金融产品和数字金融服务的多样化与需求的匹配程度，这离不开使用者金融素养能力的提升，主要由货币基金使用指数、支付使用指数、信贷使用指数、保险使用指数、投资使用指数和信用使用指数构成。

　　数字普惠金融指标由三部分构成：指标无量纲化、层次分析以及算术平均合成指数。首先，数字普惠金融指数的三个维度指标虽然能够反映数字金融的某些信息，但是，变量指标的性质和计量单位存在差异，因此，需要进行无量纲化处理，具体方法有两种：（1）对于正向指标，取固定 2011 年各地区指标数据实际值的 95% 分位数为上限，5% 分位数为下限；（2）对于逆向指标，取固定 2011 年各地区指标数据实际值的 5% 分位数为上限，95% 分位数为下限。此外，为了平滑指数，避免种种原因导致极端值出现，对超过指标上限的地区进行缩尾处理。利用变异系数法求各具体指标对上一层准则层的权重，再通过层次分析法求各准则层指标对上层目标的权重，然后，求得总指数。最后，在完成指标无量纲化处理及确定指标权重后，可以进行指数合成。可用于合成的数学方法很多，常见的合成模型，有加权算术平均合成模型、加权几何平均合成模型，或者加权算术平均合成模型和加权几何平均合成模型联合使用的混合合成模型。在综合比较了三种合成方法之后，我们选用了加权算术平均合成模型，主要是为了避免最终加权汇总指数值为0。

（二）数字普惠金融发展最新趋势

数字技术运用使得数字普惠金融的发展成为可能，前文对数字金融的相关概念进行了阐述，接下来，本章借鉴北京大学数字金融研究中心课题组发布的北京大学数字普惠金融指数来分析中国数字普惠金融发展趋势。2011～2020年北京大学数字普惠金融指数，见表3-3。

表3-3　　　　2011～2020年北京大学数字普惠金融指数

省（区、市）	2011年	2012年	2013年	2014年	2015年	2016年	2017年	2018年	2019年	2020年	倍数
北京	79.41	150.65	215.62	235.36	276.38	286.37	329.94	368.54	399.00	417.88	5.26
天津	60.58	122.96	175.26	200.16	237.53	245.84	284.03	316.88	344.11	361.46	5.97
河北	32.42	89.32	144.98	160.76	199.53	214.36	258.17	282.77	305.06	322.70	9.95
山西	33.41	92.98	144.22	167.66	206.30	224.81	259.95	283.65	308.73	325.73	9.75
内蒙古	28.89	91.68	146.59	172.56	214.55	229.93	258.50	271.57	293.89	309.39	10.71
辽宁	43.29	103.53	160.07	187.61	226.40	231.41	267.18	290.95	311.01	326.29	7.54
吉林	24.51	87.23	138.36	165.62	208.20	217.07	254.76	276.08	292.77	308.26	12.58
黑龙江	33.58	87.91	141.40	167.80	209.93	221.89	256.78	274.73	292.87	306.08	9.11
上海	80.19	150.77	222.14	239.53	278.11	282.22	336.65	377.73	410.28	431.93	5.39
江苏	62.08	122.03	180.98	204.16	244.01	253.75	297.69	334.02	361.93	381.61	6.15
浙江	77.39	146.35	205.77	224.45	264.85	268.10	318.05	357.45	387.49	406.88	5.26
安徽	33.07	96.63	150.83	180.59	211.28	228.78	271.60	303.83	330.29	350.16	10.59

省 （区、市）	2011 年	2012 年	2013 年	2014 年	2015 年	2016 年	2017 年	2018 年	2019 年	2020 年	倍数
福建	61.76	123.21	183.10	202.59	245.21	252.67	299.28	334.44	360.51	380.13	6.15
江西	29.74	91.93	146.13	175.69	208.35	223.76	267.17	296.23	319.13	340.61	11.45
山东	38.55	100.35	159.30	181.88	220.66	232.57	272.06	301.13	327.36	347.81	9.02
河南	28.40	83.68	142.08	166.65	205.34	223.12	266.92	295.76	322.12	340.81	12.00
湖北	39.82	101.42	164.76	190.14	226.75	239.86	285.28	319.48	344.40	358.64	9.01
湖南	32.68	93.71	147.71	167.27	206.38	217.69	261.12	286.81	310.85	332.03	10.16
广东	69.48	127.06	184.78	201.53	240.95	248.00	296.17	331.92	360.61	379.53	5.46
广西	33.89	89.35	141.46	166.12	207.23	223.32	261.94	289.25	309.91	325.17	9.59
海南	45.56	102.94	158.26	179.62	230.33	231.56	275.64	309.72	328.75	344.05	7.55
重庆	41.89	100.02	159.86	184.71	221.84	233.89	276.31	301.53	325.47	344.76	8.23
四川	40.16	100.13	153.04	173.82	215.48	225.41	267.80	294.30	317.11	334.82	8.34
贵州	18.47	75.87	121.22	154.62	193.29	209.45	251.46	276.91	293.51	307.94	16.67
云南	24.91	84.43	137.90	164.05	203.76	217.34	256.27	285.79	303.46	318.48	12.79
西藏	16.22	68.53	115.10	143.91	186.38	204.73	245.57	274.33	293.79	310.53	19.14
陕西	40.96	98.24	148.37	178.73	216.12	229.37	266.85	295.95	322.89	342.04	8.35
甘肃	18.84	76.29	128.39	159.76	199.78	204.11	243.78	266.82	289.14	305.50	16.22
青海	18.33	61.47	118.01	145.93	195.15	200.38	240.20	263.12	282.65	298.23	16.27
宁夏	31.31	87.13	136.74	165.26	214.70	212.36	255.59	272.92	292.31	310.02	9.90
新疆	20.34	82.45	143.40	163.67	205.49	208.72	248.69	271.84	294.34	308.35	15.16

资料来源：笔者根据北京大学数字金融研究中心 2020 年《北京大学数字普惠金融指数》报告第 5 页整理而得，倍数一栏由笔者根据数字普惠金融指数数据计算整理而得。

中国数字金融的概念虽然在 2013 年正式提出，但是，相关业务早已展开，2011～2020 年省级数字普惠金融指数的均值、中位值和增速，见图 3-2；从表 3-3 和图 3-2 可以看出，中国数字金融在 2011～2020 年实现了跨越式发展，虽然部分省（区、市），例如，沿海省（区、市）金融基础设施相对完善，并且，数字金融中心也位于沿海——浙江省，因此，沿海省（区、市）的数字金融初始禀赋较高。例如，图3－2中2011年各省（区、市）数字金融指数的中位值仅为约34，但北京、上海、福建、浙江和广东的数字金融指数几乎是其两倍。但在2015年，省际中位数约达到215，是2011年该数值的6倍多，2020年，这一指数扩张约达到2011年的10倍，这充分说明数字金融在中国落地生根发芽，正在逐步茁壮成长，当然，最近几年数字金融发展指数上升态势有所放缓，一方面，与相应的互联网金融监管有关；另一方面，也表明中国数字金融市场的发展趋于成熟化，从高速增长阶段步入正常增长阶段。而且，据北京大学数字金融研究中心发现，即便是本次新冠疫情最严重的湖北省武汉市，数字普惠金融指数仍然维持正增长，这显示了数字金融在新冠疫情中的独特优势和强大韧性，原因在于，新冠疫情期间催生新的经济业态并大大缓冲了新冠疫情对经济和人民生活带来的负面冲击。①

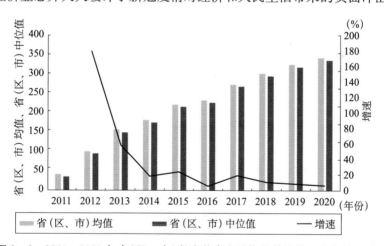

图3－2　2011～2020年省（区、市）数字普惠金融指数的均值、中位值和增速

资料来源：笔者根据北京大学数字金融研究中心2020年《北京大学数字普惠金融指数》报告第7页的相关数据整理绘制而得。

再从省际发展差异来看（见表3－3），一般初始数字金融禀赋越低

① 资料来源：北京大学数字金融研究中心2020年《北京大学数字普惠金融指数》报告第8页，https：//idf.pku.edu.cn/docs/20210421101507614920.pdf。

的省（区、市），十年间数字金融发展越迅速，例如，前文中提到的沿海省（市）北京、上海、福建、浙江和广东的数字金融指数初始较高，然而，其 2020 年发展指数与 2011 年的倍差大都在 5~6 倍，而初始指数最低的西藏、贵州、甘肃、青海和新疆等排名在 20 位左右的省（区），经过 10 年的发展，到了 2020 年，大多增加了 10 倍以上，其中，西藏最迅速，增加了将近 20 倍。

2020 年中国的 31 个省（区、市）数字普惠金融指数排名，见表 3-4。从 2020 年中国的 31 个省（区、市）① 的数字普惠金融指数排名可以发现，与 2018 年相比，大多数省（区、市）排名变化不大。例如，在中国的 31 个省（区、市）中，有 17 个省（区、市）排名不变或者仅上升（下降）1 位。这说明，北京大学数字普惠金融指数稳定性较强。不过，也有个别省（区、市）在 2020 年排名变化较大，内蒙古排名比 2018 年上升 4 位，而贵州省、黑龙江省排名分别下降 5 位、4 位，是排名上升（下降）较多的几个省（区、市）。拉长时间窗口可以发现，不同地区数字普惠金融指数排名还有较大的变化。从表 3-4 可以看出，黑龙江省、吉林省和辽宁省三个东北省份的 2020 年指数排名比 2015 年和 2011 年排名下降幅度较大，而地处中部地区的安徽、江西、河南等省份的排名则上升较多。

表 3-4　2020 年中国的 31 个省（区、市）数字普惠金融指数排名

省（区、市）	2020 年数字普惠金融指数	排名	比 2018 年数字普惠金融指数变化	比 2015 年数字普惠金融指数变化	比 2011 年数字普惠金融指数变化
上海	431.93	1	0	0	0
北京	417.88	2	0	0	0
浙江	406.88	3	0	0	0
江苏	381.61	4	1	1	1
福建	380.13	5	-1	-1	1

① 由于数据可得性，中国的 31 个省（区、市）的数据未包括中国港澳台地区的数据。

续表

省（区、市）	2020 年数字普惠金融指数	排名	比 2018 年数字普惠金融指数变化	比 2015 年数字普惠金融指数变化	比 2011 年数字普惠金融指数变化
广东	379.53	6	0	0	−2
天津	361.46	7	1	0	0
湖北	358.64	8	−1	1	5
安徽	350.16	9	1	8	9
山东	347.81	10	2	2	4
重庆	344.76	11	0	0	−1
海南	344.05	12	−3	−4	−4
陕西	342.04	13	1	0	−2
河南	340.81	14	1	11	10
江西	340.61	15	−2	4	7
四川	334.82	16	0	−2	−4
湖南	332.03	17	2	5	2
辽宁	326.29	18	−1	−8	−9
山西	325.73	19	2	4	−2
广西	325.17	20	−2	1	−5
河北	322.70	21	1	7	−1
云南	318.48	22	−2	4	3
西藏	310.53	23	3	8	8
宁夏	310.02	24	3	−9	−3
内蒙古	309.39	25	4	−9	−2
新疆	308.35	26	2	−2	1
吉林	308.26	27	−3	−7	−1
贵州	307.94	28	−5	2	1
黑龙江	306.08	29	−4	−11	−13
甘肃	305.50	30	0	−3	−2
青海	298.23	31	0	−2	−1

资料来源：笔者根据北京大学数字金融研究中心 2020 年《北京大学数字普惠金融指数》报告第 14 页的相关数据整理而得。

　　总体而言，经过近 10 年的发展，中国的数字普惠金融已经从粗放式发展阶段步入高质量发展阶段且区域差异性逐步缩小，虽然近两年因新冠疫情有所放缓，但发展前景仍然良好。数字技术的运用，存在不确定性因素。鲜有研究涉及数字技术的不确定性因素，主要原因在于，目前并未带来大的不利后果，同时，数字技术的运用和推广还在发展阶段，但我们也不能忽视其不利的一面。主要在于数字技术可能存在滥用，比如，私人信息被滥用，相关监管政策不到位等，但可以肯定的是，技术对社会的影响将是多方面的，也会存在不均衡的一面，例如，在世界范围内仍然存在互联网鸿沟。

　　需要指出的是，随着科学技术的发展和运用，一方面，工人也会受到技术性失业的冲击，比如，机器取代人类工作，虽然提高了劳动生产率，为社会创造了巨大财富，但也可能会因人工智能的使用导致部分劳动者失业；另一方面，数字技术虽然降低了使用门槛，但是，这是否会导致技术的使用在某些行业领域被垄断，反而影响竞争呢？数字平台的网络传播效应会使得科技巨头获得大量数据资源，垄断企业可以借此机会构筑行业护城河，造成赢家通吃的市场格局。综合来看，技术性失业、可能的垄断、数据隐私以及数字鸿沟的排斥，可能会导致局部性收入差距进一步拉大。

第四章　经济高质量发展相关文献研究

第一节　经济高质量发展内涵

我们是否仅仅在追求物质财富？快速增长是否完全等于经济发展？但无论经济发展目标与结论如何，当经济增长数量基本上得到解决时，"幸福"问题便是最基本的需求，提高人民生活水平将变得更加重要。

改革开放以来，中国经济的质变是显著的，从低收入水平到中等收入水平，从生产力落后的贫穷国家到世界第二大经济体，从以 GDP 增长为目标到实现平衡与全面发展等。20 世纪五六十年代的时代精神是——"少活 20 年，赢得大油田"，人们称赞和欢呼的是工厂烟囱绘制的"水墨画大牡丹"。相比之下，自党的十八大以来，新发展理念是：始终以创新、协调、绿色、开放、共享的内在统一来把握发展、衡量发展、推动发展。[①] 任保平（2018）指出，实现高质量发展的具体表现主要为经济发展的高质量、改革开放的高质量、城乡建设的高质量、生态环境的高质量以及人民生活的高质量。金碚（2018）认为，高质量发展的内涵不是固定的、单一的，而是多维的并随着社会经济的不断发展而呈现出动态化的发展趋势。当前，中国在经济动力、经济结构与经济效率三个层面的新动力尚未完全形成，对经济高质量发展仍有一定制约作用，辜

[①]　人民网，http://cpc.people.com.cn/n1/2023/0313/c64387-32642870.html。

胜阻等（2018）提出，创新驱动是中国经济可持续发展的动力。

不同学者对经济高质量发展的定义不同，任保平等（2018）提出，经济高质量发展是比经济增长质量范围宽、要求高的质量状态，涵盖了经济因素、社会因素和环境因素等。郭春丽等（2018）认为，实现高质量发展，应围绕质量变革、效率变革和动力变革，推动要素投入质量和产品服务质量同步提高、宏观效率和微观效率同步改善、供给侧动力和需求侧动力同步转换。外文文献对高质量发展的内涵界定，始于经济增长质量。巴罗（Barro，2002）从预期寿命、生育率、环境条件、收入公平性等角度，对经济增长质量进行了探讨。姆拉奇拉等（Mlachila et al.，2016）认为，对发展中国家而言，增长率更高、更持久的社会友好型经济增长是高质量的经济增长。

经济高质量发展，本质上仍然是经济增长问题。十年前，经济增长主要追求经济总量的提高，注重 GDP 规模，而经济增长质量主要体现在"质"上，代表了效率与公平的协调统一，效率与公平是经济学发展的主线，尽管两者看似存在矛盾，但实现二者的和谐共存却是至关重要的。

第二节　经济高质量发展指标测度

（一）测度方法

在测度研究的基础上，对经济高质量发展测度方法的研究得到深入，主要有指标体系评价法和单一指标评价法两种方法。

1. 指标体系评价法

通过构建测度体系，综合评价经济增长质量成为近年来的研究热点，合理、科学的评价指标体系，应能充分反映经济高质量发展的内在特征、多维性和动态性，具备顶层设计高度，适用于中国的不同区域。

基于既有研究成果，目前，评价指标体系大致可以分为三类：第一类，参考国外评价经济增长质量基础。师博和任保平（2018）从增长的基本面和社会成果两方面构建评价指标体系，其中，社会成果分解为生态资本和人力资本，基本面分解为增长的强度、稳定性、外向性、合理化；第二类，构建经济发展多元化指标体系。潘建成（2017）从创新及经济增长新动能、产品质量、生产效率和社会资源充分利用四个维度衡量。程红（2018）采用劳动生产率、全要素生产率、社会福利、教育医疗等方面的同步发展因素和生态环境等因素测度；第三类，基于经济高质量发展的内涵。王军和李萍（2017）在生产函数中引入"创新、协调、绿色、开放、共享"五大发展理念指标，通过岭回归对省际面板数据进行测算。李鑫（2018）从效率、高度、动力、平衡性、外向型和可持续性六个角度，选取指标构建评价指标体系。

测度体系评价视角丰富多样、测度指标各具特色，改善了利用单一指标表征经济增长质量水平的局限性，但目前，国内关于测度经济高质量发展尚未形成统一而权威的评价指标体系，指标选取方法以及指标赋权方法不同，导致对经济高质量发展的指标评价体系设定主观性较大，测度结果差异性较大。徐莹（2018）指出，科学推动经济高质量发展必须加快完善经济高质量发展指标测评体系的顶层设计，并且，指标测评体系必须体现经济高质量发展的内在要求。

2. 单一指标评价法

在采用单一指标测度经济增长质量的研究中，较多采用的方法是从全要素生产率视角来表征。这类方法的优点在于，在定量测算的同时，也很好地反映了经济增长质量。郑玉歆（2007）提出，提高全要素生产率增长对经济质量的贡献率应是经济发展的一个重要目标，技术进步推进全要素生产率，若经济运行情况与此目标发生背离，则背离预期，便可认为经济增长质量不高。赵可（2019）利用数据包络分析（DEA）方法测算全要素生产率增长指数来反映经济增长质量，认为技术效率的改善与技术进步路径能够抑制城市用地的扩张。相似地，刘建翠（2018）、茹少峰（2018）、刘华军（2018）等通过全要素生产率分析了经济增长的变化源泉，以深入探究促进经济高质量发展的因素和路径。随着资源环境约束对经济增长的压力日益增加，学者们开始采用考虑非期望产出的绿色全要素生产率来表征经济增长质量。既有研究把绿色全要素生产率作为经济高质量发展的衡量指标。卞元超（2019）用绿色全要素生产率来衡量经济高质量发展。

准确测度经济效率水平是研究的基础。与随机前沿等参数方法相比，非参数数据包络分析方法无须较多主观假设，适合多投入、多产出的生产函数，且不受指标量纲的影响，已经成为效率测度的主要方法。刘勇等（2010）对环境效率的六种评价模型（非期望产出投入法、倒数转换法、双曲线法、转换向量法、方向性距离函数法、SBM 模型法）在处理非期望产出存在时的优缺点进行了比较研究，指出松弛测度（SBM）模型是最有效的衡量方法。洛萨诺和古铁雷斯（Lozano and Gutiérrez，2011）得出的结论是，SBM 模型法比方向性距离函数法更具有辨识力。此外，鉴于 SBM 模型法无法比较多个决策单元同为完全效率（效率值同为 1）时的效率高低，而唐尼（Tone，2002）提出的超效率模型（Super SBM）弥补了此不足，使有效决策单元的比较和排序成为可能。基于上述分析，本书后续关于经济高质量发展的分析，将采用考虑非期望产出的 Super SBM 模型来衡量经济高质量发展水平。

（二）测度模型

本章将每个省（区、市）视为生产决策单元（DMU），假设每个 DMU 有 m 种投入 $x = (x_1, \cdots, x_m) \in R_+^m$，产生 n 种期望产出 $y = (y_1, \cdots, y_n) \in R_+^n$ 和 k 种非期望产出 $b = (b_1, \cdots, b_k) \in R_+^k$，则第 j 个省（区、市）第 t 期的投入值和产出值可以表示为 $(x^{j,t}, y^{j,t}, b^{j,t})$，则构造出测算绿色经济效率的生产可能性集，见式（4-1）：

$$P^t(x^t) =$$

$$\left\{ (y^t, \ b^t) \mid \overline{x}_{jm}^t \geqslant \sum_{j=1}^{J} \lambda_j^t x_{jm}^t, \ \overline{y}_{jn}^t \leqslant \sum_{j=1}^{J} \lambda_j^t y_{jn}^t, \ \overline{b}_{jk}^t \geqslant \sum_{j=1}^{J} \lambda_j^t b_{jk}^t, \ \lambda_j^t \geqslant 0, \ \forall\, m, \ n, \ k \right\}$$

$$(4-1)$$

基于托恩（Tone，2002）的研究，将非期望产出纳入模型，构建 Super SBM 模型如下：

$$\rho^* = \min \frac{\dfrac{1}{m} \displaystyle\sum_{i=1}^{m} \dfrac{\overline{x}_i}{x_{i0}}}{\dfrac{1}{n+k} \left(\displaystyle\sum_{r=1}^{n} \dfrac{\overline{y}_r}{y_{r0}} + \displaystyle\sum_{l=1}^{k} \dfrac{\overline{b}_l}{b_{l0}} \right)}$$

$$\text{s. t.} \begin{cases} \overline{x} \geqslant \displaystyle\sum_{j=1, \neq 0}^{J} \lambda_j x_j, \\[2mm] \overline{y} \leqslant \displaystyle\sum_{j=1, \neq 0}^{J} \lambda_j b_j, \\[2mm] \overline{b} \leqslant \displaystyle\sum_{j=1, \neq 0}^{J} \lambda_j b_j, \\[2mm] \overline{x} \geqslant x_0, \ \overline{y} \leqslant y_0, \ \overline{b} \geqslant b_0, \ \overline{y} \geqslant 0, \ \lambda_j \geqslant 0. \end{cases} \qquad (4-2)$$

在式（4-2）中，$\overline{x}$、$\overline{y}$、$\overline{b}$ 分别为投入、期望产出和非期望产出的松弛量；下标 0 表示被评价决策单元；λ_j 为权重向量，若其和为 1，表示规模报酬可变（VRS）；否则，表示规模报酬不变（CRS）。目标函数 ρ^* 越大，表明绿色经济发展越有效率。

（三）相关指标及数据来源

指标的选取，直接影响效率值的可靠性。经济高质量发展，是综合考虑生产要素投入、资源消耗和环境代价后的综合经济效率，计算经济高质量发展需要考虑的投入产出变量包括以下三点。

（1）投入要素。根据生产函数，基本的生产要素投入有两种：劳动投入和资本投入，而能源的消耗也是非期望产出的主要来源之一，因此，本章的投入要素有劳动、资本和能源。劳动投入以年末就业人数表示；资本投入用实际资本存量表示，按照永续盘存法进行测算，并使用分地区固定资产投资价格指数换算为 1997 年的不变价格，期初的物质资本存量和折旧率参考张军等（2004）给出的 1997 年分省（区、市）物质资本存量数据和估算的 9.6% 的折旧率；能源消耗数据采用分地区能源消费总量来度量。

（2）期望产出。较为常用的"好"产出有国内生产总值、地区生产总值以及工业增加值等。本章选取国内生产总值作为"好"产出，以1997 年为基期，用各地区居民消费价格指数平减而得。

（3）非期望产出。较为常用的"坏"产出，还有工业"三废"的排放量、二氧化硫排放量、化学需氧量（COD）以及二氧化碳排放量等，为了避免"坏"产出要素过于单一，本章选取区域工业废水排放总量、工业废气排放总量及工业固体废弃物排放总量作为非期望产出。

投入要素和产出要素的数据，均来源于 1998 ~ 2020 年《中国统计年鉴》《中国能源统计年鉴》和《中国环境统计年鉴》。由于数据的可获得性，与"三废"相关的最新数据可以查找到 2019 年，本章选取 1997 ~2019 年中国的 30 个省（区、市）①的样本来测算中国经济高质量发展。指标选取与数据说明，如表 4 - 1 所示。

表 4 - 1　　　　　　　　　指标选取与数据说明

分类		要素	标准指标
投入要素		劳动	年末就业人口
		资本	资本存量
		能源	能源消耗总量
产出要素	期望产出	经济产出	实际 GDP
	非期望产出	废水	工业废水排放量
		废气	工业废气排放量
		固体废弃物	工业固体废弃物排放量

资料来源：笔者根据高质量发展指数计算所需数据整理而得。

1997 ~ 2019 年中国的 30 个省（区、市）高质量发展指数平均值分

① 由于数据可得性，中国的 30 个省（区、市）的数据未包括中国港澳台地区和中国西藏自治区的数据。

布条形图，如图 4 - 1 所示，结果表明，按照数值排名，高质量发展指数较高的区域主要集中于广东、海南、福建、江苏、浙江以及上海和北京，内陆省份安徽、陕西、黑龙江的指数水平较高，一方面，反映了中国高质量发展的地域不平衡性；另一方面，与传统产业相关，以自然资源拉动的内陆省份及以重工业为基础的黑龙江等省在经济结构转型、倡导绿色经济发展的政策支持下，高质量发展水平显著提升。

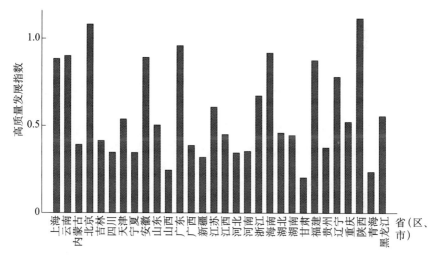

图 4 - 1　1997～2019 年中国的 30 个省（区、市）高质量发展指数平均值分布条形图

资料来源：笔者根据表 4 - 1 的数据运用 DEAP Version 2.1 软件计算整理绘制而得。

数字金融作为金融行业与数字技术的结合，也具有相应的金融属性。在前文中，我们分析了数字金融的独特优势，能够实现信息技术和实体经济与金融资源的有效配置，提高资源利用效率，在中国新常态发展背景下，经济高质量发展同样意味着数字化技术和实体经济高度融合，那么，数字金融发展能够对经济增长质量产生影响吗？如何有效地保证经济可持续性发展，成为当下值得关注的话题。

数字金融与经济高质量发展的理论研究

第一节　经济高质量发展相关理论

（一）传统经济增长理论

经济增长是人类永恒的话题，古老又散发着经久不衰的魅力，在半个多世纪内，我们见证了对经济增长研究的爆炸式增加。这项研究的核心，是三个相关但概念上截然不同的问题：世界经济增长、国家经济增长和收入水平的分散性。世界经济增长理论试图解释两百年来世界经济中人均收入的持续增长，正如卢卡斯（Lucas，1993）给出的经典案例："1960 年，韩国和菲律宾的生活水平基本相当，按照 1975 年美元衡量的人均实际 GDP 都是 640 美元，两个国家在其他方面也很相似……从 1960 年到 1988 年，菲律宾人均实际 GDP 的年均增长率是 1.8%，与全世界人均实际 GDP 的增长率相当。韩国同期人均实际 GDP 的年均增长率是 6.2%，按照此速度，每 11 年生活水平就翻一番"[①]。卢卡斯（1993）提出，为什么韩国能创造经济增长奇迹，而菲律宾不能？一种假设是，国家经济增长的差异是由回归到平行的长期路径产生的，这种类型的国

---

① Lucas Jr R. E. Making a miracle [J]. Econometrica: Journal of the Econometric Society, 1993: 251 – 272.

家经济增长的一个重要模型是索洛模型，在索洛模型中，当一个国家发现其远低于稳态路径时，就会出现高增长率，将高增长视为技术追赶，将低增长视为技术落后。

大多数关于经济增长的理论工作，都旨在解释人均收入的增长在两个世纪内为什么一直是世界经济的一个持续特征，不同类型文献使用不同的方法论证如何维持经济增长，但它们都引入了某种类型的资本，这些资本的积累克服了物理资本积累收益递减的缺点。其中，一种途径是，利用人力资本积累来维持增长（Lucas，1988；Jones et al.，1995）；另一种途径是，通过知识积累促进经济增长，或者通过学习（Romer，1986），或者通过技术研发进行创新（Aghion et al.，1992）。新古典增长理论和内生增长理论，都强调生产要素的关键作用以及技术进步和技术创新对经济增长的影响，但也有学者认为，资源要素以及技术反映的是经济增长的表现，制度才是经济增长的根本原因（Acemoglu，2005），从渠道机制来看，制度主要通过保护产权及调节市场运行机制并降低交易成本等渠道提升经济增长水平。例如，产权保护制度、市场竞争法案等，可以将制度内生化并假设制度被社会和监管等决定，同时，按照政治经济学的思路，制度因素可以被纳入全要素生产率范畴，制度通过影响微观主体行为对经济增长产生作用力。当然，以上理论大多基于经济模型进行划分，我们也可以从其他视角看待经济增长理论。新古典增长理论以及内生增长理论大多是为了解释工业革命之后到 20 世纪 90 年代人类社会经济增长现象的，[1][2] 相对于人类社会工业革命之前的经济发展属于相对长期分析。

事实上，目前哪种经济模型更能支持现实数据并未达成一致，我们认为主要是基于两个原因：（1）理论模型基于假设的前置性，其适用性

---

① Solow R. M. A contribution to the theory of economic growth ［J］. The Quarterly Journal of Economics，1956，70（1）：65 - 94.

② Romer P. M. Increasing returns and long - run growth ［J］. Journal of Political Economy，1986，94（5）：1002 - 1037.

有限，不可能适用于所有国家，即使对于同一个国家的不同发展阶段所显现的经济现象也可能存在解释乏力的情况，因此，不同发展阶段可能适用于不同的经济理论模型；（2）因为将理论模型和数据相结合进行实证分析比较，依赖于回归分析方法的选取、样本的选择以及计量方法的使用等，所以，所得结果在解释经济方面的问题时往往捉襟见肘。

（二）现代经济增长理论

既有文献主要是从经济增长生产函数的设定、家庭厂商效用函数以及市场结构等维度对传统经济学原始模型进行拓展和延伸，主要表现在以下三个方面。

（1）随着经济发展，人们逐渐意识到经济增长理论的发展其实是对生产函数中全要素生产率认识深化的过程。全要素生产率主要分为广义和狭义，其中，狭义的全要素生产率主要是指，技术创新和技术引进，技术创新主要包括原有技术中性设定，将其外延拓展到不同生产部门的不同生产技术。与此同时，新知识的产生是一个递归式的多阶段组合过程，主要通过新旧知识的融合更新重组为新的知识。在技术引进方面存在技术引进壁垒，发展中国家使用新技术的成本较高，造成了不同国家的收入差异，另外，发展中国家的劳动力技能是否与引进技术相匹配，也是导致发展中国家生产率差异的重要原因之一（Acemoglu et al.，2001）。广义的全要素生产率主要是指，除了资本、劳动以外对产出有促进作用的其他因素，因此，其包含的内容较多，关注最多的两个方面主要集中在资源错配和文化等软环境对全要素生产率的影响以及经济增长的影响，例如，资源配置不满足等边际原则，会导致低效率增长；再例如，社会互动、企业家精神等因素，都可以对经济增长产生影响。

（2）经济增长框架由传统偏向宏观设定逐步向微观设定拓展。传统经济理论模型一般考虑两大代表性个体：家庭和企业，家庭通过消费行为或者储蓄行为以达到最大化效应，企业通过资本和劳动力最大化生产效率，并且，假设市场是完全的，但这些设定过于宏观。目前，经济增长理论将微观设定纳入分析框架，例如，家庭子女的情况，经纪人职业的选择，以及进一步将个体异质性纳入均衡方程；考虑财富差异，个体能力差异以及对风险的态度和耐心程度等；基于跨期迭代 OLG 模型，将个体代际互动纳入研究范畴。企业分析框架主要是对生产函数的拓展，将相关微观函数变量引入生产函数，例如，企业家对企业的管理水平、融资状况甚至劳动者的健康水平等。与个体设定类似，企业微观框架也充分考虑企业异质性问题，特别是放松完全信息假设，考虑不完全信息之下的委托代理问题。

（3）在市场结构上突破原有的完全竞争假设，探讨不同类型市场结构对经济增长的影响。

现代经济增长理论存在一些缺陷。首先，过于关注效率提升，而对公平的关注度不够，主要侧重于如何将社会"蛋糕"做大，而对如何分配"蛋糕"的关注度不够；其次，现代经济增长理论过于偏重总量分析，从结构性视角诠释经济增长动能的理论研究相对偏少，结构主要可以分为产业结构、收入分配结构、消费结构、区域结构和城乡结构等，而经济结构优化恰恰是目前中国发展面临的最大问题。最后，供给和需求是统一的、相互作用的，是相互匹配的过程，但是，现代经济增长理论过于强调供给侧，而当前中国经济增长中存在供需不匹配问题，导致低端供给过多，中高端供给不足，也是中国通过供给侧结构性改革提升质量和效率的原因。

（三）经济可持续发展理论

现代经济增长理论很难解释中国经济的发展历程，传统古典经济增长理论比较强调经济的收敛性，反映在生产要素的边际产出上即是随着人均收入提高，经济增长率水平会趋于下降。[①] 但是，改革开放 40 多年

---

① Acemoglu D., Johnson S., Robinson J. A. Institutions as a fundamental cause of long-run growth [J]. Handbook of Economic Growth, 2015, 1: 385–472.

来的经验表明，随着中国人均收入的提高，经济增长率并未出现明显下降。另外，资本驱动型经济理论认为，资本形成投入占 GDP 的比重越高，经济增长率越高，但是，由中国数据发现，资本形成投入占 GDP 的比重和经济增长率的关系呈倒"U"型。这说明，资本驱动型经济理论在中国并不适用。创新驱动型经济理论主要强调技术创新的规模效应，即 R&D 投入越多，知识增长率和经济增长率越高，但经济数据表明，虽然中国科研人员数量以及科研经费逐年增加，但是，中国的经济增长率并未出现一致的递增趋势。这说明，中国的经济数据不支持现代经济增长理论，因此，我们不能盲目照搬西方经济增长理论指导中国经济的发展。[①]

事实上，相较于投资规模扩大，更应该关注中国经济增长中的结构性问题。如今，大数据、移动互联网以及人工智能等新技术的应用产生了很多新现象，为经济增长理论提供了新的研究内容。比如，新技术应用会使得我们重新审视全要素生产率，会更多地考虑非经济的影响，例如，生态环境、人文社会发展水平等。再比如，互联网的使用相对于以前对知识的学习和传播速度、传播范围、传播程度影响更大，数据成为一种新的生产要素，这势必对原有技术创新驱动经济增长的机制产生新的冲击空间和改进空间。例如，人工智能通过技术的交互使用提高了工作效率和沟通效率，企业组织由原先的立体化结构变得更加扁平。目前，仅有少量文献研究互联网新技术使用对经济增长的影响，琼斯等（Jones et al.，2020）将数据作为生产要素纳入经济增长模型，但对其作用机制仍然有待进一步研究。另外，互联网新技术的使用不同于以往的生产要素，更具广泛性和包容性。

中国经济增长在遵循世界经济发展的一般性规律之外，还应该坚持发展特殊性。经济发展的首要任务，是满足人的生存、享受和实现人们

---

① 严成樑. 现代经济增长理论的发展脉络与未来展望——兼从中国经济增长看现代经济增长理论的缺陷 [J]. 经济研究，2020，55（7）：191 –208.

的全面自由发展，尤其重要的是，经济可持续发展的条件是社会劳动比例的合理分配（朱方明，2018）。为了改变经济增长模式，中国采纳并推广了国际上广泛认可的可持续发展理论，该理论不仅满足现代人的发展需求，也不损害后代人的发展需求，其核心主要是探讨自然资源的可持续性利用，探讨财富的公平合理分配，实现绿色生产，改善人类生活质量，节约资源，打造一个符合"公平性、持续性和共同性"三大原则的社会，可持续发展理论通过合理的经济政策、减少政府干预、节约资源、减少经济退化带来的巨大成本，将提高人类生活质量作为目标，谋求社会共同进步。

传统经济增长理论没有考虑经济质量问题，如果说经济增长是一个中性概念，那么，可持续发展就是一个永恒的话题，是人类提高生活质量的重要理论，中国高质量发展的核心，离不开可持续发展理论的支持。在新常态经济发展背景下，中国经济增长向高质量发展转型，如何将其实践具体化，如何分析影响经济高质量发展的相关因素，对探求创新、协调、绿色、开放、共享的高质量发展路径意义重大。作为经济发展的血液，传统金融与新技术相结合的数字金融是否会对中国经济高质量发展产生影响，作用路径如何，机制变量的选择与政策制定密切相关，决定了中国经济高质量发展能否顺利实现。因此，研究数字金融对中国经济高质量发展的影响及其作用路径意义重大。

第二节　数字金融对经济高质量发展影响的相关文献

基于前文分析，经济增长理论从外生性经济增长理论进一步发展到基于内生性因素，诸如要素投入以及技术进步等，金融因素是内生经济增长理论中直接促进资本形成或者经由技术进步、劳动和时间积累而间接促进资本形成的因素，但是，高质量发展的内涵不同于传统经济增长方式和传统经济增长目标，经济高质量发展过程中伴随着新的技术创新、产业技术升级、基础设施完善以及生态共享等，这势必要求更高效的金融系统给予支持，进一步优化资源配置。例如，使优质金融资源流向真正需要的、更优质的企业，同时，更加合理、公平和高效地支持居民进行生产活动、消费活动。

（一）数字金融能够提高传统金融效率水平

金融发展和科技创新是经济高质量发展的重要驱动力，金融是现代经济发展的血液，经济的健康发展离不开金融的大力支持。中国传统金融业务的运营，主要依靠营业网点建设和客户维护，主要依赖于物理网点，但是，金融业务覆盖率较低，对处于边远区域的群体不友好，严重掣肘中国经济结构转型和高质量发展。如今，数字技术与金融的结合，使得数字金融这一新型业态和概念能够充分依托移动互联网通信、大数据、区块链等技术手段，在减少物理营业网点的同时，极大地拓展金融服务覆盖区域，同时，基于互联网技术平台的使用极大地降低了金融服务的边际成本，能够满足金融服务对经济高质量发展的要求。具体表现在以下两点。

第一，数字金融的迅速发展可以倒逼传统金融服务业改革创新，中国传统银行体系占比相当大，因此，银行体系数字化转型能够更好地满足经济高质量发展的要求。互联网企业、科技企业以及金融机构采用数字技术，利用数字技术赋能金融领域，新商业生态的诞生逐步推动金融机构转型升级，进一步扩大数字技术在金融领域的影响力。另外，数字金融极大地拓展了传统金融服务范围，同时，数字技术运用更可以实现一对一的金融服务，提升个体体验感，金融服务可及性的提高也助力解决小微企业的资金需求，这对实体经济的发展起到至关重要的作用。

第二，数字金融加速金融供需有效对接，提高金融配置效率，提升金融服务经济高质量发展水平。金融是现代社会发展不可或缺的资源。金融资源的公平有效配置，是解决经济发展不平衡、不充分的重要手段，也是社会经济健康、持续、稳定发展的重要标志。数字金融可以为金融资源的供给侧和需求侧搭建良好的对接平台。数字金融可以扩大金融资源的供给，特别是有效地整合利用不足的金融资源。例如，互联网财富管理平台可以为需要金融服务的人提供及时、充足的金融资源支持。同时，数字金融可以将数字技术与金融服务有机结合，利用互联网边际成本递减规律，有效地降低金融资源配置成本，使其不仅能充分满足人们的有效金融服务需求，也对不发达地区提供更多金融资源支持，充分体现了金融服务经济的精准和普惠，实现了金融服务效率和公平的有机统一，最终促进金融服务经济高质量发展水平的大幅提升。

（二）数字金融对经济高质量发展影响的相关逻辑

前文已探讨了数字技术赋能金融及高质量发展，那么，数字金融对经济高质量发展的影响如何？主要作用渠道是什么？接下来，本章将对既有中外文文献进行梳理。

中国资本市场以间接融资为主，传统银行机构占据主导地位，这就要求其对风险的控制力要强于其他金融机构，因此，大部分银行的客户主要以高净值、规模较大的上市公司为主，原因在于，这类群体的收入现金流来源较稳定，有可抵押的优质资产。与此相反，中小微企业、部分民营企业以及弱势群体因收入来源、职业属性、资产较少、没有信用卡等原因容易被银行拒绝信贷。多年就业数据表明，民营企业、中小微企业承担中国大部分就业，中小微企业发展面临的融资约束问题势必会对就业产生影响，最终传导到实体经济，造成经济数据波动。中国正处于供给侧结构性改革时期，依靠内需拉动经济、带动内循环发展的重要阶段，消费问题至关重要。按照传统消费理论，收入水平较低的人群边际消费倾向最高，原因在于，其尚未完成人力资本积累或者固定资本积累。研究表明，以信息技术为支撑的数字金融发展，可以减少信息不对称、降低交易成本、拓展交易可能性集合、推动交易去中介化及优化资源配置（邹传伟等，2012；谢平等，2015），这恰恰是数字金融促进经济高质量发展的核心动能。本书对既有文献进行总结，认为数字金融对经济高质量发展的影响主要基于以下四个方面。

第一，基于移动互联网、大数据和人工智能技术的数字金融，对于微观个体能够有效地减少其金融交易成本。互联网电商平台的出现和完善，改变了传统商业需要面对面交易的模式，极大地简化了交易流程，提高了商业交易效率（江小涓等，2019）。前文指出，与传统金融业务模式相比，数字金融扩大了金融覆盖度以及金融可达性，且不受时间和空间地理等因素的限制，因此，数字金融的规模效应和尾部效应明显，也符合数字金融包容普惠的特性，很好地解决了传统金融规模不经济问题，相应的大数据积累在降低边际成本的同时，也最大限度地缓解了信息不对称问题。以汽车保险和二手车市场为例，车联网技术的使用，使得保险机构和对二手车有需求的客户能够及时、准确地掌握汽车的真实状况，这使得精准风险定价成为可能，提高了二手车市场买卖双方的体验感，加速了保险理赔以及二手车交易，提高了效率。

第二，数字金融发展可以看作对传统金融机构服务升级的有利机遇，极大地缓解了资本市场的金融排斥问题。数字金融发展与信息技术的结合，使得金融服务边际成本极低，现代社会拥有一部智能手机便可以完成大部分金融服务。商业银行在使用互联网技术后，可以有效地解决传统服务因风险无法识别而不愿意承担的中小微贷款问题，解决了企业的融资问题，这对中小企业进行技术创新及产业结构转型奠定了基础（李建军等，2019），产业结构转型的基础，是资金获得便利性与运用便利性。经济高质量发展，必然意味着传统金融服务机构的转型与创新。

第三，数字金融运用的便利性，在提升家庭个体体验度方面，有助于促进居民消费（易行健等，2018）。既有研究表明，数字移动支付基于其便利性，在提高农村居民消费方面扮演了积极的作用（Zhao et al.，2022），该研究认为，近几十年来，随着智能手机和4G网络在中国农村地区的普及，移动支付已经成为农村家庭不可或缺的支付工具，移动支付是通过移动设备来实现的，是一种有效结合了互联网、终端设备和金融机构的新型支付方式。与传统的现金、支票甚至借记卡等支付方式不同，移动支付有助于在时间或空间上打破距离限制，降低使用金融工具的门槛，并有效地服务于各种社会背景的人。目前，中国经济增速下滑的原因之一是消费低迷，消费问题是经济发展过程中最重要的话题之一，消费是新常态背景下驱动中国经济高质量发展的重要原动力，并且，移动支付增强了客户的支付体验感，基于真实性交易的行为弱化了抵押的要求，便于消费者进行跨期消费，助力消费转型升级，鼓励消费需求，这与中国产业结构转型一脉相承。

第四，从社会宏观层面而言，数字金融的快速发展促进了整体技术创新，资本市场的便利性又为创新型创业提供了可能。数字金融对经济高质量发展的影响是多维且一体化的，相互作用、相互影响。数字金融通过助力传统金融机构转型缓解金融排斥，为解决中小企业融资难、融资贵等提供了解决问题的通道，为"大众创业、万众创新"提供了可能。有研究表明，数字金融中的移动支付能够通过提升创业，最终促进经济高质量发展（Beck et al.，2018）。

在新常态下，中国以往粗放式的发展道路已经遇到了瓶颈，尤其是当今世界风云多变，外部环境不确定性与日俱增，必须寻求新的增长方式。目前，中国在数字金融发展方面处于世界相对领先地位，考察数字金融对经济高质量发展的影响事关改革成败，一方面，有助于深刻认识金融供给侧改革；另一方面，也将进一步推动中国数字金融发展的理论创新与实践。

接下来，本书将从微观、中观和宏观三个层面，探讨数字金融对经济高质量发展的影响。本书按照数字金融赋能经济高质量发展能否满足人民日益增长的美好生活需要、是否满足中小微企业创新驱动的投融资需求、能否保证经济高质量、可持续性发展为主线进行研究。本书不仅对既有文献的结论采用新的样本数据进行再次论证，同时，从波动性视角、不确定性视角研究数字金融对经济高质量发展的作用机制，这不仅是本书的创新点，也有助于补充、拓展现有数字金融和经济高质量发展的研究框架。

第三部分
数字金融赋能经济高质量发展的微观效应评估

数字金融对中国家庭消费的影响：基于包容视角与波动视角

第一节　概　　述

如今，新兴科技的运用从创业、创新以及经济增长等方面给世界带来了巨大变革，例如，人工智能的使用可能改变人类创造新思路、新技术的过程。帮助人类解决复杂问题，并加大创造性努力，对促进经济增长有很大益处（Aghion et al.，2018），人工智能可以迅速地实现自我完善，从而导致在有限时间内以无限机器智能或无限经济增长为特征的奇点的出现（Vinge，1993；Kurzweil，2005）。那么，以大数据、移动互联网、人工智能、区块链为核心的数字经济，是否会对微观家庭带来冲击？

贝克等（Beck et al.，2018）构建了一般均衡模型并运用肯尼亚的数据研究了支付技术创新（移动货币）对创业和宏观经济发展的影响，结果表明，支付技术创新对创业和宏观经济发展具有显著的积极作用。那么，金融科技是否会给社会带来巨大变革，尤其是针对微观家庭个体？本章试图从数字金融能否提升微观家庭消费水平的视角来回答问题，无论是从理论视角还是从各国发展经验来看，消费的重要性都是一个永恒的话题，家庭消费的可持续性增长是任何一个国家经济稳定而高质量发展的关键因素。

当前，传统金融在经济发展中的作用主要是优化资源配置和平滑风险。作为金融与新兴科技结合的数字金融也具有金融的特征，且更具有科技创新带来的优势，在这一点上，传统金融是不具备的。目前，因为数字金融的普惠性对于经济增长具有包容性，尤其是针对穷人的经济增长，所以，数字金融吸引了学术界和政策制定者的关注（Liu et al.，2021）。经济合作与发展组织（OECD）将金融包容性定义为一个过程，该过程促进社会各阶层可负担、及时、充分地获取受监管的金融产品和金融服务。通过实施针对性的现有方法和创新方法，包括金融意识提升和金融教育，该过程旨在扩大金融服务的普及，从而促进金融福祉以及经济和社会包容性的增进。而数字金融依靠信息技术、大数据、区块链等技术，给个体和企业带来的体验感要强于传统金融机构，主要体现在金融服务范围进一步扩大，打破了原有金融服务必须具有物理营业网点的限制，移动互联网技术的运用使得金融服务的触达能力大幅度提升，降低了金融服务约束力，便利了支付方式，基于大数据的信用方式降低了信贷门槛，并允许为弱势群体量身定制服务规则，增加弱势群体的机会和复原力，有助于就业及提高收入水平，因此，数字金融天生具有金融普惠的特性。帕扎巴西奥卢等（Pazarbasioglu et al.，2020）从多个维度阐述了数字金融的普惠性特点和数字金融在新兴市场国家的发展状况和存在的问题，认为数字金融是一种依赖数字技术并提供给消费者使用的金融服务，主要内容涵盖数字货币、移动支付、风险管理等诸多领域。基于中国微观家庭数据的经验性分析表明，数字移动支付（微信支付、支付宝支付等）可以通过降低交易成本、流动性约束与缓解心理损失等方式促进家庭消费，且这一效果在农村家庭影响更加显著。格罗斯曼等（Grosman et al.，2014）指出，肯尼亚农户的发展受益于数字金融便利性的支付方式以及平滑消费的功能。

目前，关于数字金融与消费关联性的研究仍然相对稀少，主要原因在于，相关的理论体系仍未形成正式的研究框架，但是，有关金融发展与消费关联的研究为我们提供了分析思路。首先，传统的消费理论假说，主要有杜森贝格（Duesenbery）的相对收入假说（relative income hypothesis）、弗里德曼（Friedman）的持久收入假说（permanent income hypothesis）、莫迪利亚尼（Modigliani）的生命周期假说（life cycle hypothesis）和霍尔（Hall）的随机游走假说（Random walk hypothesis），虽然不同消费理论内容和假设条件有所差异，但基本上都是基于消费的跨期平滑角度分析影响消费的因素。但现实情况是，在非完美金融市场条件下，家庭往往会面临各种限制约束，比如，存在信贷门槛，这些因素使得消费者无法按照理论完美地平滑消费，最典型的是购物时间理论模型。永奎斯特等（Ljungqvist et al., 2004）将货币纳入效用函数，认为消费者受到现金约束，在进行消费时会产生交易成本，即去银行支取现金的成本，因此，交易技术提高会促进消费。再比如，著名的预防储蓄性理论，基于美国微观家庭个体数据的实证研究表明，预防性储蓄是家庭储蓄中一个非常重要的组成部分（Caballero，1990；Carroll，1994）。对中国的研究也有类似的结论，尤其是 20 世纪 90 年代到 2008 年以来的中国高储蓄现象，高储蓄导致了低消费（易行健，2008；杨汝岱等，2009），预防性储蓄现象的产生主要源于消费者对未来的不确定性或者风险的把控度较低，比如，收入的不确定性、投资机会的风险等（Baiardi et al.，2021，Lugilde et al.，2019）。金融发展可以为居民消费提供物质基础，目前，已经得到广泛认可，主要通过合理、有效地分配资源，使得受到流动性约束的家庭能够更方便地利用金融市场实现平滑消费，最终提升消费需求（Campbell et al.，1991）。既有研究表明，信用卡额度的提升可以提升家庭消费水平，并且，扩大信贷准入是全球发展战略的一个关键组成部分（Karlan et al.，2010；Soman et al.，2002），由此可见，消费信贷获得的难易度与个体消费密切相关。

目前，虽然并未有数字金融对家庭消费影响的相关理论框架研究，但是，作为互联网与金融的结合，数字金融也具有金融属性，我们预期数字金融对家庭消费也会有影响。本章将会借助传统购物时间模型，构建一个简单的关于数字金融与个体消费的理论模型，有助于补充既有数字金融的相关研究文献。目前，中国正在进行经济结构转型，传统的依靠投资、消费和出口带动经济增长的模式难以为继，中国高储蓄率、低消费的现象一直存在，而消费是经济结构转型成功的稳定性因素。因此，本章的研究对如何在经济结构转型时期正确处理数字金融发展问题提供了经验分析。

本章主要采用中国家庭金融调查数据，该金融数据以家庭微观数据为主，并且，以每两年为间隔出版，截至2022年，最新更新年份为2019年，考虑到数据的样本容量以及数据一致性，最终选取2015年、2017年和2019年的样本构建面板数据，研究数字金融对家庭消费的影响并进一步探讨其机制。本章研究结论及创新点有以下三点。

（1）本章的研究结论表明，数字金融发展对提升家庭消费具有积极作用，该回归结果在本章采用包括工具变量等在内的多种检验方法下仍然稳健。整体而言，与城市样本对比，数字金融对农村地区的影响更大，特别是对低收入家庭和金融素养较低的家庭，无疑起到了"雪中送炭"的作用。另外，数字金融对高中以上受教育水平的农村青年人的消费具有更显著的提升作用。以上结果不仅重新审视了中国家庭消费不足的问题，也丰富了有关数字金融的研究文献，有利于政策制定者的精准施策。

（2）在影响机制方面，本章验证了数字金融主要通过补充家庭流动性、增加支付便利性以及提高家庭居民金融素养三个方面，促进家庭消费支出。本章研究结果，一方面，进一步补充了数字金融影响消费框架的理论；另一方面，也为数字金融的进一步发展提供了相应的建议。特别是在提高家庭居民金融素养方面，既有相关研究并不一致［家庭移动支付方式无法通过提高家庭金融素养方式提升家庭消费水平（Zhao et al.，2022)]，主要原因在于，虽然移动支付属于数字金融的一个组成部分，但是，统计口径较小。

（3）本章的研究结果不仅为中国也为其他发展中国家拓宽了包容性金融和社会弱势群体的福利领域（Song et al.，2020，De Koker et al.，2013）的相关研究。目前，数字金融既有相关文献大多讨论其包容性，但并未讨论数字金融对变量波动性的影响，基于传统金融理论和消费理论，发达的金融系统可以较好地平滑消费，抑制消费波动；但是，该理论以发达国家为事实依据，本章的研究结论表明，数字金融对家庭消费波动起到正向影响，其将对数字金融在波动性理论方面的研究有所贡献。

第二节　机制研究

既有研究文献从数字金融包容性出发，探讨了对不同收入人群、不同金融知识背景人群、不同资产人群的影响，并从网上购物、数字支付、网上信用获取等渠道分析数字金融如何作用于家庭消费（Li J. et al.，2020）。然而，基于研究结果以及研究样本的差异性，渠道机制的多元化，既有相关文献并未对数字金融影响家庭消费的渠道进行详细解释，多以实证分析为主，这不利于未来构建数字金融相关理论研究，因此，在既有研究基础上，本节进一步将数字金融对家庭消费的可能机制分为三类，支付便利性、提高金融素养、降低流动性约束，并对以上影响机制进行详尽的文献梳理。随后，第三节基于传统购物时间模型，建立数字金融影响家庭消费的理论模型。

（一）支付便利性

移动支付是一种有效地结合了互联网、终端设备和金融机构的新型支付方式。移动支付可以通过多种方法获得资金支持：第一种方法是直接从银行账户或非银行支付账户提供支付资金，通常需要借助银行账户之间的直接电子转账系统；第二种方法是用传统的信用卡、借记卡或预付卡来支付费用；第三种方法是通过移动运营商支付购买费用，要么使用该运营商的预付费用账户，要么将购买费用添加到每月的电话账单中，消费者还可以通过"移动钱包"应用程序在移动设备上整合多种融资选项（Hayashi，2012）。

传统的支付方式往往限制了跨地区的消费活动，地理距离增加了参与市场双方的交易成本（Renkow M. et al.，2004）。近几年，随着大数据的运用和移动支付技术的不断发展，移动支付有助于在时间或空间上打破距离，数字金融的发展大大降低了使用金融工具的门槛，为各种社会背景的人根据消费需求做到"量身定制"，提高了支付结算效率，降低了交易成本（Jack W. et al.，2014）。事实上，社会上的大部分小额支付，尤其是家庭生活中的小额支付都可以就近刷卡、以网络支付形式或者手机支付形式完成，基于互联网的数字金融已经渗透到生活的各个方面（焦瑾璞等，2015；Chen，2016）。因此，本章提出假设6-1。

假设6-1：数字金融的发展，将可能通过便利性的支付方式提升居民消费。

（二）提高金融素养

提高金融包容性、消费者保护和金融教育对金融稳定和包容性发展的重要性，已经得到全球范围内的认可。研究表明，获得知识、信息能力的匮乏，是抑制贫困群体有效需求的重要因素之一（Atkinson et al.，2013）。缺少金融知识，人们在消费时可能无法做出正确选择，支出可能是不理性的（Dinkova et al.，2021，Zhang et al.，2021），金融素养的缺乏，会导致家庭过度借贷，可能增加违约风险或者过度负债的概率（Lusardi et al.，2015）。目前，全球范围内仍有相当大比例的人群被金融系统排斥，而数字金融能够通过降低金融排斥从而减少家庭过度负债（Chmelikova et al.，2020）。具有高水平金融知识的人群，在参与金融市场、冒险以及增加家庭收入方面，比具有低水平金融知识的人群更有优势（Balloch et al.，2015；Lusardi et al.，2017），因此，金融知识水平较低的人群需要花费更多时间、精力在消费和储蓄之间作出跨期选择（Luhrmann et al.，2018）。

随着数字金融的发展，依靠更加便捷的移动互联网技术可以向更多人群传播金融知识，个体获取金融知识的机会和渠道都大大增加。与此同时，通过大数据分析用户特征和财务行为，可以实现财务知识的精准传播，尤其是针对金融知识禀赋较低的人群，有效地缓解信息不对称，帮助人们更好地进行消费决策。因此，本章提出假设6-2。

假设6-2：数字金融的发展，将可能通过提高家庭金融素养最终提升居民消费水平，且该影响对金融知识初始禀赋较低的人群作用更大。

（三）放松家庭流动性约束

传统消费理论认为，对居民消费产生较大影响的因素是流动性限制，比如，金融约束、收入的不确定性等，限制的背后，会抑制消费平滑、减少消费（Campbell et al.，1991；Cushing，1992；Langemeier et al.，1993）。因此，随着金融不断完善和发展，可以通过合理、有效地分配资源优化信贷结构，使受流动性约束的家庭更便捷地利用金融市场实现消费的跨期平衡，这将有效地释放消费需求（Levchenko，2005）。研究表明，当低收入者在金融机构设立账户，且使用频率较高时，往往伴随较高的消费和收入（Dupas et al.，2013；Karlan et al.，2010），也有文献从金融普惠的角度对家庭减贫进行研究，指出普惠金融显著降低了家庭贫困脆弱性（Koomson et al.，2020，李波等，2020）。

本书认为，数字金融可以从两个方面缓解流动性限制：一方面，互联网金融机构推出了更便捷的小额贷款服务，比信用卡和银行消费信贷更为灵活（传统金融机构授信需要较高的信用门槛，无疑将大量人群排除在外，而数字技术的使用以家庭居民的数字信用足迹作为授信标准，比如，家庭居民平日出行、缴纳水电费、日常消费支出等都可以作为信用记录），且对消费对象没有任何限制，这弥补了传统金融工具的不足，缓解了家庭的流动性限制；另一方面，数字金融发展有助于为家庭增加收入，包括家庭金融收入和家庭创业收入。例如，大多数数字金融移动支付工具提供了不同的财务管理功能，家庭可以用闲置的资金投资（投资股票、保险理财）来赚取家庭财务收入。另一个例子是，数字金融工具包含的信息传递、信用和社会互动等功能可以激发家庭的创业热情，帮助其获得更多创业资金，提升其收入水平。

综上所述，本章提出假设6-3。

假设6-3：数字金融的发展，将可能通过放松家庭流动性约束，最终提升居民消费水平。

第三节　理论模型

本章借鉴永奎斯特和萨金特（Ljungqvist and Sargent，2004）的购物时间模型，将交易成本纳入模型，对原有模型进行了简单扩展。考虑一个没有不确定性的禀赋经济体，具有代表性的家庭拥有一单位时间，该单位时间由两部分构成，分别是闲暇时间l_t和购物时间S_t，那么，代表性家庭每期一单位的时间，见式（6-1）：

$$1 = l_t + S_t \qquad (6-1)$$

假设代表性家庭每期t，消费数量不变的单一商品y，t和y均大于0。该商品又可以被分为家庭私人消费$\{c_t\}_0^\infty$、政府购买消费$\{g_t\}_0^\infty$，则消费总函数构成为：

$$y = c_t + g_t \qquad (6-2)$$

则家庭居民效用函数可以表示为：

$$\sum_{t=0}^{\infty} \beta^t u(c_t, l_t) \qquad (6-3)$$

在式（6-3）中，$\beta \in (0, 1)$，c_t，l_t分别表示代表性家庭在t时期的消费时间和休闲时间，均≥0。同时，我们假设在其他条件不变的情况下，随着消费时间和闲暇时间分别增加，代表性家庭的效用函数递增，因此，就有u_c，$u_l > 0$，同时，u_{cc}，$u_{ll} < 0$，消费时间和闲暇时间共同对效用函数的影响是递增的，因此，便有$u_{cl} \geq 0$。

为获得最大化效用，代表性家庭需要在消费上分配时间，该消费时间与消费者持有的货币余额成反比，因此，交易技术和购物时间的关系是：

$$s_t = H\left(c_t, \frac{m_{t+1}}{p_t}\right) \qquad (6-4)$$

$m_{t+1} \geqslant 0$，H_c，H_{cc}，$H_{\frac{m}{p},\frac{m}{p}} \geqslant 0$，$H_{\frac{m}{p}}$，$H_{c,\frac{m}{p}} \leqslant 0$，而关于交易技术形式，见式（6-5）。

$$H\left(c_t, \frac{m_{t+1}}{p_t}\right) = \frac{c_t}{m_{t+1}/p_t}\varepsilon_t \qquad (6-5)$$

在式（6-5）中，本章在交易技术方程中添加 ε_t 表示交易成本，代表性家庭在单位时间内按照固定消费率购买，$\dfrac{c_t}{m_{t+1}/p_t}$ 表示单位时间内去银行的次数，因此，ε_t 可表示每次去银行花费的时间成本，当然，我们可以将该交易成本扩大范围。购物时间 s_t 取决于消费量 c_t 以及持有的实际货币余额 $\dfrac{m_{t+1}}{p_t}$，消费量越大，则购物时间 s_t 越长，持有的实际货币余额 $\dfrac{m_{t+1}}{p_t}$ 越多，则购物时间 s_t 越短。

在前文中，随着数字金融的发展，能够便利化家庭的日常消费，主要在于移动支付等手段，因此，降低了对现金的需求，人们不需要去银行取现金用于消费，通过在线支付或者手机支付即可。在节省购物时间的同时极大地降低了交易成本，因此，本章在基准理论模型基础上，将数字金融发展与购物时间模型中的交易成本 ε_t 相关联，理论上数字金融发展程度越高，ε_t 越小，便有：

$$\varepsilon_t = \varepsilon(\text{Digitalfinance})，且 \varepsilon'(\text{Digitalfinance}) < 0 \qquad (6-6)$$

进一步，对于代表性家庭而言，需要最大化方程（6-3），相应的约束条件是交易技术，即式（6-5），以及相应的预算约束：

$$c_t + \frac{b_{t+1}}{R_t} + \frac{m_{t+1}}{p_t} = y - \varphi_t + b_t + \frac{m_t}{p_t} \qquad (6-7)$$

在式（6-7）中，b_t 表示 t 期政府持有债券，R_t 表示 t 期到 t+1 期债券持有回报率，φ_t 表示 t 期 lump sum tax，为实现家庭效用最大化，构建拉格朗日函数：

$$\sum_{t=0}^{\infty} \beta^t \left\{ u(c_t,\ l_t) + \lambda_t \left(y - \varphi_t + b_t + \frac{m_t}{p_t} - c_t - \frac{b_{t+1}}{R_t} - \frac{m_{t+1}}{p_t} \right) \right.$$
$$\left. + \mu_t \left[1 - l_t - H\left(c_t,\ \frac{m_{t+1}}{p_t}\right) \right] \right\} \tag{6-8}$$

通过求解式（6-8），最终，可以得到著名的现金持有收益方程式：

$$\frac{R_t - R_{mt}}{R_t} \lambda_t = -\mu_t H_{\frac{m}{p}}(t) \tag{6-9}$$

式（6-9）左边代表持有货币的成本是利息收入损失与影子价格 λ_t 的乘积，即持有货币的机会成本，债券收益高低会影响持有实际货币的机会成本。右边表示持有货币的边际收益，基于前文分析，此处，可以表示为节约的购物时间。持有货币越多，节约购物时间越多。购物时间和交易技术相关，与交易成本 ε_t 成正比例变动，$\varepsilon'(Digitalfinance) < 0$，数字金融发展程度提高，$\varepsilon_t$ 减少，即购物时间的现金约束降低，交易可以在缺失现金情况下进行，那么，给定时间内购物就多。因此，我们认为，数字金融的快速发展，可以从便利支付以及减少流动性约束方面影响居民消费。

第四节　研究设计

（一）样本数据

本章数据主要来源于三部分。

第一部分数据是采用西南财经大学发布的中国家庭微观层面数据，来源于中国家庭金融调查数据库（China household finance survey, CHFS），该数据库由中国的西南财经大学主导，每隔两年发布最新一期调查数据，主要针对家庭的资产与负债、收支平衡状况、社会保险福利、人口与就业等信息，该数据库主要侧重于家庭金融状况以及家庭消费状况，全面反映了家庭消费的传统状况，与本章研究较匹配，也是目前该领域比较权威的数据库。截至 2022 年，中国家庭金融调查数据库最新数据更新到 2019 年，考虑到问卷质量问题和数据质量问题，本章选取 2015 年、2017 年和 2019 年连续三次被追踪访问的家庭作为样本。最终，本章研究样本覆盖中国的 29 个省（区、市）①，目标样本规模为 28 065 户，调查对象包含样本家庭中的全部成员。核心被解释变量居民消费以家庭为单位，来自 CHFS 数据中的家庭问卷，包括耐用品、非耐用品、娱乐旅游消费以及医疗保健等支出，但不包含转移性支出以及购房贷款等非消费性支出。其他家庭层面变量均来自 CHFS 数据库，主要包含家庭户主年龄（age），户主性别（gender，男性 = 1，女性 = 0），是否结婚（marriage，结婚 = 1，未婚 = 0），是否有医保（insurance，有 = 1，否 = 0），健康状况（health，健康 = 1，否 = 0），受教育水平（edu，未上过学 = 0 年，小学 = 6 年，中学 = 9 年，高中 = 12 年，大学专科 = 14 年，大学本科 = 16 年，硕士研究生 = 19 年，博士研究生 = 22 年），户口所属（rural，乡村 = 1，城镇 = 0），少年抚养比（kid）和老年扶养比（old），家庭成员数（hhsize），家庭收入状况（income），幸福感（happiness），家庭是否拥有小汽车（car，拥有 = 1，否 = 0），家庭拥有几套自有住房（house）。

第二部分数据是本章核心解释变量——数字金融发展指标（digital）。目前，关于测度数字金融的文献大多以叙述形式或者相应指标体系构成，其中，以北京大学数字金融研究中心编制的中国数字普惠金融指数报告最为权威，该指数从数字金融覆盖广度、金融服务使用深度以及数字化程度三个维度共计 33 项指标进行数字普惠金融指数体系的构建，该指数能够全面反映中国数字金融发展程度（Li et al.，2020）。本章选取家庭所在地区层面的 2011~2019 年度指标作为数字金融发展指数，并与第一部分数据相匹配。

第三部分的数据为家庭所在省（区、市）的宏观变量，主要反映各

---

① 由于数据可得性，中国的 29 个省（区、市）的数据未包括中国港澳台地区和中国西藏自治区、中国新疆维吾尔自治区的数据。

个省（区、市）不同的经济发展水平。主要有人均 GDP 指标（pgdp），固定资产投资指标（fix）以及基础设施建设指标（road），其中，基础设施建设指标采用各省（区、市）人均公路里程数衡量。

统计变量描述，见表 6 – 1。消费变量（Cons）的样本均值以家庭为单位，2015 ~ 2019 年都是递增的，而数字金融指数随时间不断递增。不同于既有研究剔除样本内年龄低于 18 岁和高于 65 岁的家庭（Li et al.，2020），本章研究样本包含少儿抚养比指标和老年扶养比指标，在生命周期理论中，少儿扶养比和老年扶养比越高，家庭负担越重，对消费水平会产生较大影响。在数据处理方面，本章剔除 1% 的极端值样本，考虑到非线性因素和异方差因素，本章将消费、收入以及省级层面宏观变量取对数处理，同时，控制年龄的平方项。

（二）模型设定

凯恩斯（Keynes）消费理论认为，家庭收入越高，消费水平越高，本章在此基础上进一步添加数字金融发展指标，用以考察数字金融对家庭消费水平的影响，同时，考虑到消费决策受到诸多因素的影响，比如，家庭习惯、家庭劳动力组成以及所在地区经济发展程度等，因此，除消费、收入和数字金融变量外进一步控制家庭层面、宏观层面的变量，最终，得到以下消费扩展函数模型：

$$\text{Cons}_{it} = \alpha_0 + \beta_{it} \times \text{Digital}_{it-1} + \theta_{it} \times \text{Income}_{it} + \gamma_{it} \times \text{Controls} + \delta_i + \varepsilon_{it}$$

$$(6-10)$$

在上述式（6 – 10）中，Cons_{it} 表示家庭消费水平，α_0 表示截距项，下标 i 表示个体，t 表示时间，分别为 CHFS 数据中 2015 年、2017 年和 2019 年的消费支出。Digital_{it} 表示家庭所在省（区、市）的数字金融发展指数。为了降低反向因果关系的影响，本章采用的数字金融指数为滞后一期变量，即 2014 年、2016 年和 2018 年的变量，δ_i 表示控制区域的固定效应，ε_{it} 表示随机扰动项，回归系数矩阵 β_{it} 表示本章最关心的数字金融发展对家庭消费水平的影响，γ_{it} 表示 controls 变量系数矩阵。

表6-1

统计变量描述

变量	全样本			2015 年			2017 年			2019 年		
	观测值	均值	标准差	观测值	均值	标准差	观测值	均值	标准差	观测值	均值	标准差
cons	28 065	62 188	70 467	9 362	51 171	59 407	9 342	58 228	63 441	9 361	77 158	83 551
Digital	28 065	3.147	0.231	9 362	2.894	0.116	9 342	3.142	0.0834	9 361	3.406	0.0913
age	28 064	52.290	10.720	9 361	50.770	10.950	9 342	52.170	10.590	9 361	53.930	10.380
gender	28 065	0.812	0.391	9 362	0.808	0.394	9 342	0.841	0.366	9 361	0.787	0.409
marriage	28 062	0.897	0.305	9 360	0.901	0.299	9 341	0.899	0.302	9 361	0.890	0.313
insurance	28 059	0.840	0.366	9 362	0.823	0.382	9 341	0.846	0.361	9 356	0.852	0.355
health	28 045	0.419	0.493	9 343	0.423	0.494	9 341	0.443	0.497	9 361	0.391	0.488
edu	28 065	16.130	5.799	9 362	16.000	5.902	9 342	16.170	5.710	9 361	16.230	5.781
rural	28 065	0.441	0.496	9 362	0.443	0.497	9 342	0.441	0.497	9 361	0.437	0.496
kid	28 065	0.202	0.285	9 362	0.209	0.278	9 342	0.203	0.286	9 361	0.193	0.292
old	28 065	0.133	0.278	9 362	0.109	0.239	9 342	0.123	0.267	9 361	0.167	0.318
hhsize	28 065	3.678	1.603	9 362	3.960	1.666	9 342	3.603	1.551	9 361	3.470	1.549
income	28 047	76 593	193 463	9 362	62 043	160 343	9 342	82 983	159 347	9 343	84 783	246 766
happiness	28 050	0.655	0.563	9 357	0.572	0.495	9 337	0.740	0.683	9 356	0.653	0.476

续表

变量	全样本			2015 年			2017 年			2019 年		
	观测值	均值	标准差	观测值	均值	标准差	观测值	均值	标准差	观测值	均值	标准差
car	14 548	0.502	0.500	9 362	0.227	0.419	2 439	1.000	0	2 747	1.000	0
house	26 503	1.227	0.513	8 863	1.184	0.472	8 830	1.231	0.505	8 810	1.266	0.557
pgdp	28 065	10.900	0.408	9 362	10.740	0.380	9 342	10.910	0.389	9 361	11.060	0.389
fix	28 065	9.767	0.762	9 362	9.692	0.679	9 342	9.752	0.783	9 361	9.857	0.808
road	28 065	16.320	4.630	9 362	15.410	4.477	9 342	15.990	4.511	9 361	17.560	4.631

资料来源：笔者根据本章选取的样本数据利用 Excel 软件计算整理而得。

在基准回归模型中，本章主要采用面板固定效应模型，控制不随时间变化的家庭层面的遗漏变量，虽然可以缓解内生性问题，但是，仍然无法避免遗漏重要控制变量甚至是一些不可观测到的变量的问题。比如，不同家庭对风险的接受程度不同，再比如，习惯问题，都可能不仅影响数字金融发展，也影响家庭的消费支出。基于此，本章对基准模型采用工具变量法进行稳健性检验，以纠正对估计结果的偏误。本章主要采用两类工具变量：其一，使用代表性家庭所在地以外的其他家庭所在地的数字金融指数的均值作为工具变量，原因在于，一个社区内的家庭消费支出会受到所在区域数字金融发展程度的影响，但以除本区域外的数字金融指数作为工具变量，不太可能直接对本区域单个家庭的消费产生直接影响；其二，从宏观层面选取家庭所在省（区、市）的互联网入网户数以及每百人拥有移动电话数量作为数字金融发展水平的工具变量，互联网入网率以及移动电话数是发展数字经济必备的基础条件，但对个体消费的影响并非直接。满足工具变量外生性要求，本章也控制了相关宏观经济变量，切断互联网入网人数以及移动电话数与居民消费之间可能存在的联系，使得该工具变量更加外生。

第五节　实证分析结果

（一）数字金融对居民消费影响的基准回归结果

首先，根据基准模型进行线性最小二乘回归，在表6-2的基准回归结果中，第（1）列和第（2）列分别为不添加任何控制变量的面板混合效应回归方法和面板固定效应回归方法的检验结果，考虑到同一县域内部家庭之间的相关性，本章将模型的稳健标准误聚类到县域水平。第（1）列、第（2）列的结果直接考察了数字金融发展与居民消费的关系，我们发现，数字金融发展显著正向影响居民消费，且均在1%的统计水平

表 6-2　基准回归结果

变量	(1)	(2)	(3)	(4)	(5)
			家庭消费水平		
数字金融	0.074 ***	0.025 ***	0.022 ***	0.027 ***	0.053 ***
	(0.002)	(0.005)	(0.004)	(0.002)	(0.009)
年龄			-0.009 ***	-0.000	-0.001
			(0.003)	(0.003)	(0.003)
年龄的平方			0.000	-0.000	-0.000
			(0.000)	(0.000)	(0.000)
性别			0.056 ***	0.031 ***	0.029 ***
			(0.006)	(0.003)	(0.003)
结婚			-0.085 ***	-0.071 ***	-0.068 ***
			(0.023)	(0.025)	(0.024)
医保			-0.015 ***	-0.024 ***	-0.023 ***
			(0.001)	(0.003)	(0.003)
健康			-0.013 ***	-0.027 *	-0.027 *
			(0.002)	(0.016)	(0.016)
教育水平			0.001 ***	0.000	0.001
			(0.000)	(0.001)	(0.001)

续表

变量	(1)	(2)	(3)	(4)	(5)
			家庭消费水平		
乡村户口			0.013***	-0.002	-0.000
			(0.004)	(0.009)	(0.009)
少儿抚养比				-0.040	-0.041
				(0.031)	(0.032)
老年扶养比				0.041***	0.041***
				(0.008)	(0.008)
家庭成员数				0.063***	0.063***
				(0.003)	(0.003)
家庭收入				0.094***	0.095***
				(0.003)	(0.002)
幸福感				0.013*	0.016**
				(0.008)	(0.008)
汽车				0.349***	0.348***
				(0.029)	(0.030)
房产数				0.070***	0.070***
				(0.007)	(0.007)

续表

变量	(1)	(2)	(3)	(4)	(5)
			家庭消费水平		
人均地区生产总值					−0.448***
					(0.102)
固定资产投资					−0.065***
					(0.023)
人均公路里程					0.012***
					(0.002)
观测值	28 065	28 065	27 967	13 112	13 112
R²	0.083	0.113	0.117	0.328	0.329
个体固定效应	否	是	是	是	是
年份固定效应	否	否	否	否	是

注：***、**、*分别表示在 1%、5% 和 10% 的水平上显著。

资料来源：笔者根据本章样本数据运用 Stata 16.0 软件计算整理而得。

上显著，但存在遗漏变量问题，系数并不稳健。第（3）列~第（5）列的回归结果，依次添加个体层面控制变量、家庭层面控制变量以及所在区域宏观经济发展特征。我们发现，数字金融发展（Digital）的系数仍然是正向且在1%的统计水平上显著，这表明，整体而言，数字金融发展可以正向推动提升居民消费水平，这为中国及其他发展中国家在经济转型过程中实现消费带动经济增长模式的转变提供了借鉴思路，借助互联网金融优势充分发挥其普惠金融的属性。

在控制变量方面，性别系数显著为正，该变量是二元变量，表明相比于女性，男性消费支出大于女性，而是否结婚的系数显著为负，表明结婚的家庭更倾向于储蓄。值得一提的是，个人是否有医保以及是否健康的回归系数均显著为负。这表明，拥有医保相较于没有医保的消费水平较低，以及身体很健康的个体相较于健康状况一般的个体甚至健康状况较差的个体的消费水平偏低，这与相关文献是一致的（Li et al.，2016；Zhu et al.，2021）。我们认为，原因主要在于：消费变量是总数据口径，包含医疗保健支出等费用，因此，拥有社保以及身体很健康的个体消费支出偏低，该结果反映了一个事实，即高昂的自付医疗费用仍然是家庭的一个巨大负担（Wang et al.，2006；Zhu et al.，2021）。同时，家庭老年扶养比变量数值越高，个体养老负担相对越重，必要消费支出中针对老年人的医疗看病等日常生活支出相对较多。教育因素对消费的影响不显著，本章认为，一方面，和消费统计口径有关；另一方面，不同教育水平对不同人群的消费影响是不同的，因此，综合来看，教育因素系数虽然为正，但是，并不显著。

本章发现，收入因素在中国居民消费决策中仍然扮演了重要角色，收入越高，消费支出越大，符合传统消费理论。家庭是否拥有小汽车以及拥有房产的数量也与消费正相关，拥有汽车意味着家庭可以不用受制于地理区域因素，可以实现跨地域消费，最典型的证据就是中国每年的旅游黄金周，普通民众驾车旅行的同时也带动了当地消费，该结论和相关研究基本一致（Zhao et al.，2022）。家庭房产对于中国房地产而言，研究样本时间恰好是房产升值的近 10 年，金融资产的增加会使得居民总体资产水平提升，也会刺激消费。但是，本章并未发现人均生产总值增加会显著提升消费水平的证据，相反，人均生产总值的增加缩减了个人消费规模。我们认为，这与消费衡量变量有关，本章使用消费总量水平的对数形式，人均生产总值的增加虽然反映了收入水平提升，但是，人均生产总值和个人消费的统计口径不一致。事实上，在本章的稳健回归分析中，人均生产总值对区域平均消费水平的影响在 1% 的统计水平上显著。

（二）分类消费支出回归

前文中，分析了消费总量和数字金融发展水平的关系，但是，仍然不能辨识数字金融主要提升哪一种类型的消费支出，因此，大类消费回归结果，见表 6-3，表的结果汇报了按照消费种类进行划分的数字金融发展与分类消费支出的关系，见表 6-3 的第（1）列~第（4）列，依次为耐用品消费支出（家用电器、家具和电子产品等）、非耐用品消费支出（日常必需品、衣服和外出就餐等）以及文教娱乐消费支出（书籍、杂志、CD、电影票、酒吧、网吧、宠物、操场和玩具、艺术设备、体育用品等）和旅游消费支出（旅行、机票、旅店等相关支出）。同时，耐用品消费支出和非耐用品消费支出可以看作物质类消费支出，而文教娱乐消费支出和旅游消费支出可以看作非物质类消费支出。结果表明，除了文教娱乐消费支出外，随着数字金融的进一步发展，耐用品消费支出水平、非耐用品消费支出水平以及旅游消费支出水平均会显著增加。

在控制变量方面，本章不再进行解释，不过，值得一提的是，在基准回归中教育因素不显著，但是，在分类回归中教育对不同种类消费支出的影响存在差异性，教育水平的提高有助于提升物质类消费支出，但是，对非物质类消费支出的影响为负，这带来了重要的启示。在中国经济快速发展的同时，虽然人力资本在提升收入的渠道中扮演了重要角色，但是，对于民众的精神生活引导不足，这恰恰彰显了中国消费结构转型的必要性，也是社会生活方式和价值观的转变。

表 6 - 3 　　　　　　　　　　　大类消费回归结果

变量	（1） 耐用品 消费支出	（2） 非耐用品 消费支出	（3） 文教娱乐 消费支出	（4） 旅游 消费支出
数字金融	0.055 ***	0.054 ***	0.026	0.031 **
	(0.014)	(0.014)	(0.021)	(0.013)
年龄	- 0.095 ***	- 0.015 ***	0.030 ***	- 0.035 **
	(0.004)	(0.002)	(0.005)	(0.016)
年龄的平方	0.001 ***	0.000 ***	- 0.000 ***	0.000 ***
	(0.000)	(0.000)	(0.000)	(0.000)
性别	- 0.116 ***	0.006	0.138 ***	- 0.004
	(0.030)	(0.005)	(0.034)	(0.038)
结婚	- 0.124	0.045	- 0.114 ***	0.024
	(0.167)	(0.034)	(0.016)	(0.031)
医保	0.107 ***	0.020 ***	0.082 **	- 0.012
	(0.006)	(0.001)	(0.033)	(0.044)
健康	- 0.067 **	- 0.015	- 0.062 *	0.009
	(0.030)	(0.017)	(0.033)	(0.036)
教育水平	0.015 ***	0.005 ***	- 0.016 ***	- 0.009 *
	(0.003)	(0.001)	(0.004)	(0.005)
乡村户口	0.063 ***	- 0.016 ***	- 0.034 *	0.080 ***
	(0.015)	(0.005)	(0.020)	(0.015)
少儿抚养比	0.496 ***	0.076 ***	0.192 ***	0.019
	(0.171)	(0.012)	(0.019)	(0.036)
老年扶养比	- 0.319 **	- 0.101 ***	0.010	- 0.091
	(0.152)	(0.027)	(0.045)	(0.061)
家庭成员数	0.019	0.046 ***	0.087 ***	- 0.038 ***
	(0.014)	(0.002)	(0.001)	(0.008)
家庭收入	0.083 ***	0.070 ***	0.055 ***	0.032 **
	(0.011)	(0.005)	(0.006)	(0.014)

续表

变量	（1） 耐用品 消费支出	（2） 非耐用品 消费支出	（3） 文教娱乐 消费支出	（4） 旅游 消费支出
幸福感	0.263 ***	0.031 ***	0.058 ***	0.091 ***
	(0.050)	(0.011)	(0.009)	(0.028)
汽车	− 0.034	0.144 ***	0.100 *	0.099 ***
	(0.101)	(0.014)	(0.057)	(0.037)
房产数	0.094 ***	0.060 ***	0.086 ***	0.072 ***
	(0.010)	(0.006)	(0.011)	(0.015)
人均地区生产总值	− 1.330 ***	− 0.671 ***	0.971 ***	− 1.719 ***
	(0.113)	(0.034)	(0.312)	(0.361)
固定资产投资	0.082	− 0.071 ***	− 0.158 ***	0.007
	(0.082)	(0.025)	(0.058)	(0.036)
人均公路里程	0.071 ***	0.009 ***	− 0.010 **	0.043 ***
	(0.015)	(0.003)	(0.005)	(0.006)
观测值	3 062	13 046	8 000	3 049
个体固定效应	是	是	是	是
时间固定效应	是	是	是	是

注：***、**、* 分别表示在1%、5%和10%的水平上显著。

资料来源：笔者根据本章样本数据运用 Stata 16.0 软件计算整理而得。

（三）细分消费分类支出回归

为进一步探究数字金融对居民消费的影响是否会因消费统计口径以及消费种类不同而发生改变，本章按照中华人民共和国国家统计局的划分方式，将其细分为食品消费支出、衣着消费支出、居住消费支出、家庭设备服务消费支出、医疗保健消费支出、交通通信消费支出、教育文娱消费支出以及其他商品和服务支出，其他商品和服务支出数据稀少，不再给出回归结果。

细分消费回归结果，见表6-4。从表中第（1）列~第（6）列依次为数字金融对食品消费、衣着消费、居住消费、家庭服务消费、医疗保健消费、交通通信消费和教育文娱消费的影响。结果显示，数字金融除了对医疗保健消费以及家庭服务消费不是正向促进作用外，其他统计口径的消费支出均展示了数字金融的积极影响。但值得一提的是，虽然数字金融对医疗保健支出的影响显著为负，但这恰恰彰显了数字金融发展的特点，原因在于，数字金融发展包括其指数统计口径中包含的互联网在线医疗平台的建立，以及中国医院逐步普及的在线挂号、在线问诊，乃至在线指导手术等极大地降低了居民看病购药的成本，在中国居民消费支出中，医疗类支出占比较大，因此，数字金融对医疗保健支出的影响显著为负，反而能够增强民众在其他领域消费的能力，与此相对应的是，第（5）列的回归结果也显示家庭抚养比在居民消费结构中的不同，即在医疗消费支出中，少儿抚养比和老年扶养比的提升均对医疗保健支出的影响显著为正。

（四）稳健性回归分析

本章在基准回归中充分考虑了个体特征及其所处区域的宏观经济因素，同时，重点考察了数字金融对居民消费结构的影响，但仍然可能存在无法预测的遗漏变量问题，特别是当遗漏变量与控制变量相关时，基准回归估计结果无法取得一致，因此，本章主要采用 4 种方法确保基准回归结果的稳健性：（1）替换被解释变量，以居民消费率替换原有消费支出数据，具体方法为居民消费率 $= \dfrac{总消费}{总收入}$；（2）采用工具变量方式，最大限度地缓解内生性问题带来的估计偏差；（3）增加干扰控制变量，观察当存在竞争性变量时，是否会对数字金融对于消费的影响产生冲击；（4）更换解释变量和被解释变量，采用宏观数据对数字金融和数字消费的影响进行验证，具体为将个体微观数据替换成个体所在省（区、市）的宏观数据，被解释变量为省（区、市）的平均消费支出。

稳健分析回归结果，见表 6-5。

表6-4　细分消费回归结果

变量	(1) 食品消费	(2) 衣着消费	(3) 居住消费	(4) 家庭服务消费	(5) 医疗保健消费	(6) 交通通信消费	(7) 教育文娱消费
数字金融	0.039***	0.012***	0.035*	0.003	-0.047**	0.062***	0.137*
	(0.012)	(0.002)	(0.018)	(0.014)	(0.019)	(0.018)	(0.066)
年龄	-0.016***	-0.018***	-0.003	0.018	-0.002	-0.062***	0.025***
	(0.001)	(0.007)	(0.006)	(0.016)	(0.014)	(0.016)	(0.002)
年龄的平方	0.000***	0.000**	0.000	-0.000	0.000	0.001***	-0.000**
	(0.000)	(0.000)	(0.000)	(0.000)	(0.000)	(0.000)	(0.000)
性别	0.013**	-0.019	0.094***	0.091**	0.054*	-0.052	0.233***
	(0.006)	(0.016)	(0.003)	(0.042)	(0.029)	(0.054)	(0.033)
结婚	0.081*	-0.082*	0.026	-0.028	-0.106***	0.036*	-0.062
	(0.044)	(0.045)	(0.041)	(0.102)	(0.029)	(0.020)	(0.059)
医保	0.012**	-0.057**	0.005	-0.062	0.015	-0.099***	0.214***
	(0.005)	(0.026)	(0.021)	(0.042)	(0.011)	(0.018)	(0.039)
健康	0.013	-0.025*	-0.027	-0.011	-0.124***	-0.132***	-0.027
	(0.013)	(0.013)	(0.027)	(0.016)	(0.013)	(0.030)	(0.031)
教育水平	0.006***	-0.003*	-0.000	-0.019***	-0.000	0.000	-0.008*
	(0.001)	(0.001)	(0.001)	(0.006)	(0.003)	(0.003)	(0.004)

续表

变量	(1) 食品消费	(2) 衣着消费	(3) 居住消费	(4) 家庭服务消费	(5) 医疗保健消费	(6) 交通通信消费	(7) 教育文娱消费
乡村户口	-0.022*** (0.003)	-0.038*** (0.001)	-0.014 (0.013)	-0.025 (0.040)	0.015 (0.011)	-0.035* (0.018)	0.099*** (0.020)
少儿抚养比	0.062*** (0.014)	0.028 (0.023)	-0.017 (0.013)	-0.193*** (0.042)	0.288*** (0.055)	-0.241*** (0.028)	0.161*** (0.049)
老年扶养比	-0.061*** (0.022)	-0.174*** (0.035)	0.038 (0.053)	0.050 (0.068)	0.592*** (0.030)	-0.041 (0.035)	-0.019 (0.020)
家庭成员数	0.058*** (0.005)	0.074*** (0.004)	0.020** (0.008)	0.060*** (0.000)	0.156*** (0.018)	0.013** (0.006)	0.135*** (0.025)
家庭收入	0.059*** (0.003)	0.110*** (0.004)	0.090*** (0.011)	0.154*** (0.020)	0.045*** (0.015)	0.141*** (0.009)	0.015 (0.024)
幸福感	0.013** (0.007)	0.034** (0.013)	0.002 (0.017)	-0.000 (0.006)	-0.095** (0.044)	0.052*** (0.003)	-0.085** (0.038)
汽车	0.137*** (0.021)	0.212*** (0.003)	0.046** (0.021)	0.913*** (0.022)	-0.103*** (0.040)	1.876*** (0.033)	-0.062 (0.041)
房产数	0.050*** (0.004)	0.079*** (0.005)	0.151*** (0.007)	0.058*** (0.010)	-0.073*** (0.016)	0.033*** (0.012)	0.162*** (0.051)

续表

变量	（1）食品消费	（2）衣着消费	（3）居住消费	（4）家庭服务消费	（5）医疗保健消费	（6）交通通信消费	（7）教育文娱消费
人均地区生产总值	-0.390**	-0.060	-0.087	-0.760	-0.770***	-1.187***	-2.051***
	(0.158)	(0.083)	(0.172)	(0.631)	(0.233)	(0.017)	(0.030)
固定资产投资	0.009	-0.008	0.059*	0.084**	-0.130***	0.178***	0.199**
	(0.025)	(0.013)	(0.032)	(0.039)	(0.050)	(0.039)	(0.093)
人均公路里程	0.006***	0.018***	0.015	0.015	0.048***	-0.007	0.017**
	(0.002)	(0.004)	(0.013)	(0.012)	(0.007)	(0.007)	(0.009)
观测值	12 846	11 422	12 911	7 707	11 010	11 678	13 112
R^2	0.133	0.049	0.027	0.112	0.081	0.029	0.017
个体固定效应	是	是	是	是	是	是	是
时间固定效应	是	是	是	是	是	是	是

注：***、**、* 分别表示在 1%、5% 和 10% 的水平上显著。

资料来源：笔者根据本章样本数据运用 Stata 16.0 软件计算整理而得。

表 6-5　稳健分析回归结果

变量	(1) 居民消费率	(2) 家庭消费水平	(3) 家庭消费水平	(4) 家庭消费水平	(5) 家庭消费水平	(6) 省（区、市）平均消费支出
数字金融	0.006*** (0.001)	0.056*** (0.018)	0.072** (0.036)		0.026*** (0.009)	0.108** (0.045)
是否使用互联网				0.059** (0.027)	0.060** (0.027)	
观测值	7 642	7 642	7 642	13 111	13 111	270
R^2		0.329	0.328	0.328	0.330	0.734
Anderson canon. corr. LM 统计值		309 7.514	763.782			
Cragg-Donald Wald F 统计值		927 3.551	454.874			
弱根检验			0.818			
个体固定效应	是	是	是	是	是	是
时间固定效应	是	是	是	是	是	是

注：***、**、* 分别表示在 1%、5% 和 10% 的水平上显著。
资料来源：笔者根据本章样本数据运用 Stata 16.0 软件计算整理而得。

表6-5的第（1）列被解释变量为居民消费率，数字金融对居民消费率的影响仍然在1%水平上显著为正，这表明，数字金融发展不仅对消费规模水平起到正向作用，同样，在控制家庭总收入的基础上，仍然对消费增长起到推动作用；第（2）列，使用除本地外其他区域的数字金融平均发展水平作为工具变量，我们认为，这样处理的数据不太可能直接影响本地单个家庭的消费，即工具变量是外生的。至于工具变量（IV）的相关性假设，我们可以通过统计推断来检验。所有估计变量（IV）显示在表6-5中，识别不足检验的P值小于0.01（Anderson canon. corr. LM），说明IV满足相关限制，即工具变量是可以识别的，弱工具变量检验统计值（Cragg-Donald Wald F）为9273.551，远大于10%显著水平的临界值19.93，拒绝弱工具变量的原假设。第（3）列的回归结果采用工具变量法进行估计，不同的是，采用家庭所在省（区、市）的互联网普及率以及每百人拥有移动电话数量作为数字金融发展水平的工具变量。因为互联网普及率及移动电话数量是发展数字经济必备的基础条件，但对个体消费的影响并非直接，所以，满足工具变量外生性要求，同时，相关的IV估计值也表明，工具变量可以识别且并非弱工具变量，萨根（Sargan）过度识别检验P值是0.818，接受工具变量外生性原假设。与基准估计结果一致，表6-5的第（2）列~第（3）列的数字（Digital）金融系数均显著为正，而唯一的区别是IV系数大于基准回归的系数。普通最小二乘法（OLS）估计可能低估了数字金融的影响，而IV估计可能高估了数字金融的影响，IV方法的晚（late）特征，在文献中是一个相当常见的现象（Angrist et al.，2008；Jiang，2017），总体来看，IV估计仍然支持我们的结论，即在消除内生性后，数字金融的发展可以促进家庭消费。表6-5的第（4）列和第（5）列，增加干扰控制变量，观察存在竞争性变量的同时，是否会对数字金融对于消费的影响产生冲击。我们采用微观家庭是否使用互联网为工具变量，互联网的使用是数字经济发展的重要基础，关乎经济发展，最终影响人们的收入与消费支出，因此，我们可以看到当第（4）列添加这一变量后，使

用互联网能够显著增加个体消费支出，那么，当我们将互联网变量和数字金融变量同时加入第（5）列，回归结果表明，此时，Digital 系数相较于基准 OLS 回归系数略有降低，但仍在 1% 的水平上显著。同时，是否使用互联网也代表了数字经济的接触程度，可以作为数字鸿沟的替代性变量，该回归结果向我们展示了消除数字鸿沟的重要性。第（6）列采用家庭所在区域省级宏观面板数据进行检验，该结果从区域宏观层面支持了本章采用微观数据的基准回归结果。

（五）机制分析

在本节中，我们将探讨数字金融发展促进家庭消费的多种潜在机制，根据数据可用性，不同机制测试的样本大小也会不同。

1. 机制分析 A——支付便利性

如前所述，数字金融发展提升居民消费水平的主要原因在于，放松了现金对消费的限制力，即数字金融中的支付便利性功能促进了居民的消费支出，相关文献研究表明，中国移动支付能够有效地提升居民消费水平（Zhao et al.，2022），但该文献并未将研究拓展至数字金融领域，所用变量为微观居民是否采用移动支付。为了验证此机制，本章采用数字金融子指数验证该机制，数字金融子指数主要分为金融覆盖广度指数、金融使用深度指数以及金融数字化程度指数。其中，金融覆盖广度指数主要侧重于供给端，金融数字化程度指数主要是指数字金融支持服务程度，金融使用深度指数主要侧重于数字金融服务的需求端，反映数字金融产品和服务的多样化与需求的匹配程度，本章使用金融使用深度指数来验证这一机制。金融使用深度指数又包含支付使用指数、保险业务指数、信贷业务指数、货币基金使用指数、信用使用指数、投资使用指数，鉴于数据的可获得性与一致性，本章选取支付使用指数（人均移动支付笔数及频率）、保险业务指数（人均互联网保险购买相关指标，比如，使用人数、使用金额等）、信贷业务指数（使用互联网消费贷款的相关指标。比如，使用人数和使用金额等）。

支付便利性机制，见表6-6，从表的第（1）列~第（3）列中，依次分析了数字支付指数、数字保险指数以及数字信贷指数与家庭消费支出水平的关系，从结果来看，无论是数字支付指数、数字保险指数还是数字信贷指数均显著正向影响家庭消费支出水平。进一步，本章将其全部纳入回归方程，并对所有连续性变量进行标准化处理，可以比较三者对家庭消费支出的影响力大小。第（4）列为变量标准化处理后的结果，数字支付指数（标准化）对家庭消费支出水平的影响最大，影响大约是后两者的两倍，之后，是数字信贷指数（标准化）和数字保险指数（标准化）。最终，基于数字金融视角，得出支付越便利，对家庭消费支出的正向促进作用越大。

表6-6　　　　　　　　　　　支付便利性机制

变量	（1）家庭消费水平	（2）家庭消费水平	（3）家庭消费水平	（4）家庭消费水平（标准化）
数字支付指数	0.002 *** (0.000)			
数字保险指数		0.001 *** (0.000)		
数字信贷指数			0.002 ** (0.001)	
数字支付指数（标准化）				0.092 *** (0.020)
数字保险指数（标准化）				0.050 *** (0.006)
数字信贷指数（标准化）				0.053 ** (0.021)
观测值	13 112	13 112	13 112	13 112
R^2	0.328	0.328	0.327	0.329

续表

变量	(1) 家庭消费水平	(2) 家庭消费水平	(3) 家庭消费水平	(4) 家庭消费水平（标准化）
个体固定效应	是	是	是	是
时间固定效应	是	是	是	是

注：***、**、* 分别表示在1%、5%和10%的水平上显著。
资料来源：笔者根据本章样本数据运用 Stata 16.0 软件计算整理而得。

2. 机制分析 B——金融素养

如前所述，数字金融是基于互联网和大数据技术与金融行业的再融合，其在覆盖广度、覆盖深度等方面的优势能够渗透到家庭的方方面面，有助于提升家庭对于金融知识的敏感度，方便个体和家庭接触相关金融知识和相关信息，也能够及时把握国内外宏观金融走势，最终提升居民金融素养并促进消费。本章基于 CHFS 调查问卷中关于金融相关知识回答问题的情况，答对得 1 分，答错不得分。最后，将分数相加衡量金融知识。

我们采用三种方式验证该机制：变量传递式因果关系机制检验、中介效应检验以及交互项检验。金融素养机制，见表 6 - 7，第（1）列被解释变量为金融素养，核心解释变量为数字金融，第（2）列验证了金融素养对家庭消费水平的影响，结果表明，数字金融对金融素养的影响在 1% 的水平上显著为正，而金融素养的提升有助于家庭消费水平的提高，同时，本章将数字金融变量和金融素养变量同时纳入回归方程，第（3）列的回归结果中，金融素养和数字金融的系数均显著，金融素养是数字金融发展促进家庭消费水平提升的中介变量之一。在第（4）列中，进一步考察数字金融和金融素养的交互项，交互项结果在 1% 的水平上显著为负，表明相较于金融素养较高的家庭，数字金融发展对于金融素养较低家庭的消费促进作用更大，该结果不仅再次强化了数字金融促进金融素养的机制渠道，也初步表明了数字金融的包容普惠性，同时，如果将数字金融系数（0.052）和交互项系数（-0.003）相加，数字金融对有较高金融素养家庭的消费也是有促进作用的。结果表明，金融素养是数字金融促进家庭消费的一个机制渠道，估计结果是稳健的。

表6-7　　　　　　　　　　金融素养机制

变量	(1)	(2)	(3)	(4)
	金融素养	家庭消费水平	家庭消费水平	家庭消费水平
数字金融	0.080 ***		0.042 ***	0.052 ***
	(0.006)		(0.009)	(0.008)
金融素养		0.014 **	0.012 *	0.093 ***
		(0.007)	(0.007)	(0.006)
数字金融×金融素养				-0.003 ***
				(0.000)
观测值	13 112	13 112	13 112	13 112
R^2	0.424	0.327	0.329	0.330
个体固定效应	是	是	是	是
时间固定效应	是	是	是	是

注：***、**、*分别表示在1%、5%和10%的水平上显著。
资料来源：笔者根据本章样本数据运用Stata 16.0软件计算整理而得。

3. 机制分析C——流动性约束

传统金融机构对家庭授信的条件比较苛刻，将导致有借贷需求的家庭因授信门槛较高而无法平滑其消费。接下来，我们将考虑数字金融是否可以通过为消费者提供小额贷款并帮助消费者增加收入，缓解家庭的流动性限制。根据数据的可获得性，我们无法观察到家庭是否通过互联网金融平台获得了小额贷款以及相应的额度，但是，前文中数字金融的消费信贷业务（以数字信贷指数为表征）能够有效地提升家庭消费，因此，我们不再讨论家庭获得的消费信贷因素，另外，我们可以验证数字金融的收入增长效应，收入增加对于消费的作用应当是正面的，收入增加能够缓解家庭面临的消费约束。我们选择了家庭总收入、工资性收入、农业收入、商业收入以及财产收入五个变量来衡量家庭的收入结构。

　　流动性约束机制，见表 6 - 8。首先，在表 6 - 8 的面板 A 样本中，因变量是家庭总收入结构，第（1）列～第（5）列的回归结果显示，数字金融对家庭总收入有显著的正向影响，但在家庭收入结构中，仅有工资性收入受数字金融影响显著，这符合目前中国的收入结构构成，工资性收入对于普通家庭仍是主要的收入来源渠道，给我们带来的启示是大力发展金融市场，充分发挥数字金融优势，实行以工资收入为主，多种类型收入并存的分配结构。在表 6 - 8 的面板 B 样本中，因变量是家庭消费支出，第（1）列结果表明，提高家庭总收入水平可以显著提升家庭消费支出水平，因此，数字金融可以通过提升家庭总收入水平进而促进消费，为了进一步验证回归结果的稳健性，将两个变量同时纳入消费方程，第（2）列结果表明，收入确实是数字金融提升居民消费支出的一个中介变量。按照相同的方法，表 6 - 8 的第（3）列～第（4）列结果表明，数字金融主要通过提升总收入中的工资性收入提高居民消费水平。

（六）异质性分析

　　前面讨论了数字金融可以显著地提升家庭消费水平，并论证了其作用机制，但是，数字金融的特点是包容性，这意味着，数字金融对不同人群的影响应该是异质性的。接下来，本章将探讨数字金融对家庭消费影响的异质性，即哪个指标将从数字金融发展中受益更多。

1. 按户口类型进行分类

　　基于中国农村和城市二元结构发展的不平衡性，农村家庭在传统金融体制下面临更高的信贷门槛，不利于推动农村消费。本章根据家庭户口在乡村还是城市，设置虚拟二元变量，在农村为 1，反之为 0。农村城镇异质性，见表 6 - 9。表 6 - 9 中的第（1）列和第（2）列依次为农村样本和城镇样本，结果表明，数字金融发展对农村样本的居民消费提升影响

表 6－8　流动性约束机制

变量	(1) 家庭总收入	(2) 工资性收入	(3) 农业收入	(4) 商业收入	(5) 财产收入
面板 A 被解释变量：收入					
数字金融	0.016*	0.057**	−0.001	−0.035	−0.001
	(0.009)	(0.028)	(0.023)	(0.034)	(0.001)
观测值	13 798	4 519	3 424	1 312	4 855
R²	0.023	0.088	0.033	0.081	0.026
面板 B：被解释变量：家庭消费支出					
家庭总收入	0.039***	0.038***			
	(0.004)	(0.004)			
数字金融		0.011***		0.009**	
		(0.002)		(0.004)	
工资性收入			0.010***	0.010***	
			(0.003)	(0.003)	
观测值	13 798	13 798	4 519	4 519	
R²	0.162	0.165	0.138	0.141	
个体固定效应	是	是	是	是	是
时间固定效应	是	是	是	是	是

注：***、**、*分别表示在 1%、5% 和 10% 的水平上显著。
资料来源：笔者根据本章样本数据整理运用 Stata 16.0 软件计算而得。

更大，这充分体现了数字金融的包容普惠性，但直接比较系数大小会因样本不同而产生误差，因此，从表6－9的第（3）列采用数字金融×乡村虚拟变量进一步验证该差异的相对大小。交互项系数为0.001且在5%的统计水平上显著，数字金融的系数为0.038且在1%的统计水平上显著，表明相较于城镇，数字金融对乡村家庭消费的影响更大。

表6－9　　　　　　　　　　　　农村城镇异质性

变量	（1）	（2）	（3）
	家庭消费水平		
数字金融	0.057 ***	0.014	0.038 ***
	(0.007)	(0.010)	(0.026)
数字金融×乡村虚拟变量			0.001 **
			(0.000)
观测值	8 058	4 021	3 749
R²	0.325	0.321	0.318
个体固定效应	是	是	是
时间固定效应	是	是	是

注：***、**、*分别表示在1%、5%和10%的水平上显著。
资料来源：笔者根据本章样本数据运用Stata 16.0软件计算整理而得。

2. 按人口年龄进行分类

基于家庭户主年龄为是否使用数字金融服务的关键因素，本章采用世界卫生组织关于年龄段的划分，将18～44岁的人群定义为青年人，45～59岁的人群定义为中年人，60岁以上的人群定义为老年人。年龄异质性，见表6－10。表6－10的第（1）列～第（3）列依次为数字金融对家庭消费水平的影响在青年人群体样本、中年人群体样本和老年人群体样本中的结果。

从表6－10的第（1）列～第（3）列来看，数字金融对家庭消费具有显著影响的群体主要聚焦青年人群体样本，中年人群体样本和老年人群体样本虽然影响仍然为正，但是，统计上并不显著。可能的原因在于，青年人群体样本对数字金融服务的接受度、消费观念以及使用频率

表6-10

年龄异质性

变量	(1)	(2)	(3)	(4)	(5)	(6)
			家庭消费水平			
数字金融	0.050***	0.019	0.040	0.049***	0.018	0.045
	(0.014)	(0.013)	(0.030)	(0.014)	(0.013)	(0.029)
数字金融×乡村虚拟变量				0.001***	0.000	-0.002***
				(0.000)	(0.000)	(0.000)
年龄划分	青年人	中年人	老年人	青年人	中年人	老年人
观测值	3 919	7 047	2 828	3 919	7 047	2 828
R²	0.300	0.279	0.388	0.299	0.279	0.387
个体固定效应	是	是	是	是	是	是
时间固定效应	是	是	是	是	是	是

注：***、**、* 分别表示在1%、5%和10%的水平上显著。
资料来源：笔者根据本章样本数据运用Stata 16.0软件计算整理而得。

比中年人群体样本和老年人群体样本都更突出，因而能够享受数字金融带来的福利效应。进一步地，本章考察了中国二元经济结构下，数字金融对于不同年龄段的人群是否具有差异性。第（4）列～第（6）列家庭消费水平回归方程中，依次添加了数字金融与乡村虚拟变量的交互项，并考察了不同年龄段样本中交互项的性质。第（4）列结果表明，在青年人群体中，数字金融与乡村虚拟变量交互项的系数显著为正，数字金融的发展更能惠及农村青年人群体。交互项系数在中年人群体中并不显著，同时，本章发现在老年人群体中，数字金融发展对城市老年人群体更有利。综合来看，数字金融对农村青年人的家庭消费影响更大，体现了其包容性。

3. 教育人力资本异质性

基于数字金融服务的使用，需要具备一定程度文化水平、能力，包括互联网的使用能力，本章从教育人力资本角度探讨数字金融的普惠性。按照家庭户主受教育程度，我们将数据划分为高中及以下教育组（小学、初中及以下的样本主要以农村为主，且样本量过少）和高中以上教育组（教育年限大于12年）。人力资本异质性，见表6－11。表中的第（1）列为高中及以下教育组，第（2）列为高中以上教育组，结果表明，数字金融对家庭消费的影响受到人力资本差异的影响较大，主要体现在受教育程度较高的群体并未体现其包容性，但这主要和数字金融服务的使用需要一定程度的文化水平、能力有关。值得一提的是，当我们将高中以上教育组进一步按照城市和农村划分，第（3）列～第（4）列的结果表明，高中以上教育组中，数字金融对农村家庭影响更大，该结果凸显了人力资本在农村地区的重要性。

表6－11　　　　　　　　　　人力资本异质性

变量	(1)	(2)	(3)	(4)
	家庭消费水平			
数字金融	-0.042	0.042***	0.056**	-0.003
	(0.280)	(0.015)	(0.024)	(0.026)
教育水平	≤12年	>12年	>12年	>12年

续表

变量	（1）	（2）	（3）	（4）
	家庭消费水平			
城市还是乡村			乡村	城市
观测值	693	12 419	7 458	3 958
R^2	0.614	0.331	0.327	0.324
个体固定效应	是	是	是	是
时间固定效应	是	是	是	是

注：***、**、* 分别表示在1%、5%和10%的水平上显著。
资料来源：笔者根据本章样本数据运用 Stata 16.0 软件计算整理而得。

4. 物质资本异质性

在人力资本中，数字金融对受教育程度较高的家庭消费支出影响显著，尤其是针对农村地区，那么，物质资本不同的家庭是否会受到数字金融发展的不同影响呢？本章采用家庭总收入（工资收入、农业收入、工商收入、财产性收入和转移性支付收入）来衡量物质资本，具体做法是以家庭总收入的中位数为界，划分为低收入组（中位数以下）和高收入组（中位数以上）。

物质资本异质性，见表6-12，从表中的第（1）列～第（2）列的结果表明，数字金融对低收入家庭消费的影响较大（系数为0.105），说明数字金融具有包容性，同时，本章进一步对低收入家庭是否在城乡之间具有差异性进行检验。第（3）列～第（4）列的结果表明，数字金融对家庭消费的影响在乡村低收入家庭更显著，即数字金融发展特别有益于物质资本匮乏的农村家庭，或者说，能在一定程度上发挥"雪中送炭"的作用，充分体现了其包容性。

表6-12 物质资本异质性

变量	（1）	（2）	（3）	（4）
	家庭消费水平			
数字金融	0.105*	0.034**	0.215**	0.016
	(0.062)	(0.017)	(0.091)	(0.091)

变量	(1)	(2)	(3)	(4)
	家庭消费水平			
收入水平	低收入家庭	高收入家庭	低收入家庭	高收入家庭
城市还是乡村			乡村	城市
观测值	5 482	7 630	3 019	2 463
R^2	0.340	0.285	0.352	0.354
个体固定效应	是	是	是	是
时间固定效应	是	是	是	是

注： ***、 **、 * 分别表示在 1%、5% 和 10% 的水平上显著。

资料来源：笔者根据本章样本数据运用 Stata 16.0 软件计算整理而得。

（七）本章讨论

前文得出，数字金融发展可以通过缓解流动性约束、提高居民金融素养以及支付便利性，提升家庭消费。事实上，消费问题无论是从理论角度还是实践角度，家庭消费的可持续性增长都是一个国家经济稳定的重要因素，同时，也符合中国经济高质量发展的要求。传统的消费理论，比如，杜森贝格的相对收入假说（relative income hypothesis）、弗里德曼的持久收入假说（permanent income hypothesis）、莫迪利亚尼的生命周期假说（life cycle hypothesis）和霍尔的随机游走假说（random walk hypothesis），其本质基本上是建立在消费者可以跨期平滑消费角度探讨的，然而，在现实中，家庭往往面临各种不确定性和消费约束。基于前文理论与经验分析，数字金融如果对家庭消费的促进作用是长久、可持续性的，那么，应该可以平滑家庭消费波动。接下来，本章将对数字金融对消费波动的影响进行研究：一是对数字金融对于家庭消费的影响进行稳健性分析；二是基于可持续性进行扩展分析。

消费波动与数字金融发展，见表 6-13，结果表明，数字金融发展对不同统计口径的消费波动变量均表现出明显的正向作用，即数字金融发展增强了消费波动性，从表面来看，数字金融发展并未对消费波动性起到平滑作用，这个结果令人困惑，但是，实际上数字金融不断发展和完善，对家庭消费的促进作用也在不断提升，同时，传统消费理论主要基于金融系统发达的国家，随着获得金融服务渠道的增加，消费变得更加顺畅。但是，巴塔查里亚等（Bhattacharya et al.，2016）的研究认为，发展中经济体的一个显著特点是，很大一部分人口无法获得资金。在过去的 20 年内，这些经济体经历了金融部门的改革，使家庭和企业能够获得更多金融服务。然而，在金融改革之后，这些经济体的消费波动相对于产出波动有所增加，因此，当更多消费者能够平稳地进行消费时，消费波动性将会上升。

表 6 - 13　　　　　　　　　消费波动与数字金融发展

变量	(1)	(2)	(3)	(4)	(5)	(6)
	消费波动					
数字金融	0.161 ***	0.152 ***	0.137 ***	0.181 ***	0.043 ***	0.213 ***
	(0.025)	(0.022)	(0.024)	(0.031)	(0.013)	(0.064)
观测值	28 065	27 967	13 112	13 112	13 111	7642
Anderson canon. corr. LM 统计值						3097.514
Cragg-Donald Wald F 统计值						9273.551
个体固定效应	是	是	是	是	是	是
时间固定效应	是	是	是	是	是	是

注：表中各被解释变量定义如下：消费波动采用基准回归消费水平的方差表示，第（1）列～第（4）列依次采用未添加控制变量、添加个体特征变量、添加家庭特征变量以及添加区域宏观控制变量的结果，随着控制变量的逐步添加，数字金融系数仍然稳健。第（5）列消费波动率采用居民消费率代替原有消费支出数据，并取其方差值表示消费波动性，第（6）列的结果采用同基准回归的数字金融工具变量进行稳健性回归分析。***、**、* 分别表示在1%、5% 和 10% 的水平上显著。

资料来源：笔者根据本章样本数据运用 Stata 16.0 软件计算整理而得。

第六节　结论与建议

长久以来，高储蓄一直是中国内需不振的重要因素之一，如何提振内需、充分激活内循环发展模式，以及增强家庭抵抗外部冲击带来的负面影响，是经济高质量发展阶段的重要命题，也是提升人民幸福感的重要路径之一。基于数字技术的金融创新，弥补了传统金融服务因信息不对称和道德风险导致的金融资源配置低效率问题，为家庭获得更便捷的金融服务提供了重要的基本条件。

本章的研究从理论和经验分析两方面，验证了中国数字金融发展对微观家庭消费水平的影响。首先，梳理中外文相关文献，寻找金融科技、金融创新等不同形式的金融资源配置对家庭消费的内在影响机制，认为数字金融可以通过缓解家庭流动性约束、提升家庭金融素养以及提升支付便利性来促进家庭消费水平提升；其次，本章在货币购物模型基础上进行扩展，构建从支付便利性及缓解流动性约束方面促进家庭消费的理论模型；再次，本书按照机制分析和理论模型对家庭消费和数字金融发展的关系进行实证分析，评估数字金融发展对家庭消费的影响，总体来看，数字金融发展能够有效地提升家庭的消费水平，并且，该结果在采用不同口径和类别的消费支出变量分析中仍然稳健，也表明数字金融发展在一定程度上可以推动中国家庭消费结构转变；最后，本章从实证角度探讨了数字金融影响居民消费的机制渠道，发现数字金融可以通过缓解家庭流动性约束、提升家庭金融素养以及提升支付便利性来促进家庭消费水平提升，符合本章预期。

数字金融作为互联网发展时代数字技术与传统金融相融合的产物，其本质仍然是金融属性。中国正在大力推进普惠金融的发展，这将改变传统"大水漫灌"以及信贷歧视的现象，那么，数字金融的发展是否有包容属性是值得关注的话题。包容性主要看是否会对处于劣势地位的群体有帮助，本章也对数字金融在提升家庭消费包容性方面进行了重点讨论。本章基于中国城乡家庭的差异性、年龄特征、教育水平和收入水平进行异质性分析，结果表明，数字金融对中国农村家庭消费水平的提升更大。在年龄方面，数字金融对家庭消费具有显著影响的群体主要聚焦青年群体，并且，对农村青年群体的影响要大于城市青年群体。在教育方面，虽然数字金融对家庭消费的影响主要聚焦高中以上教育群体，但主要和数字金融的运用需要一定金融素养相关。值得一提的是，在高中以上教育群体中，数字金融对农村家庭影响更大，从侧面体现了其包容属性。在收入水平方面，数字金融对低收入家庭消费的影响较大，并且，该影响在农村低收入组家庭中更显著，即数字金融的发展特别有益于物质资本匮乏的农村家庭。数字金融的包容属性，势必会突出中国经济结构转型中消费拉力的重要性。

最后，本书进一步验证数字金融是否可以平滑消费波动，目前，并未有太多研究涉足于此，其基本逻辑在于，如果数字金融对家庭消费的促进作用是长久、可持续的，理应可以平滑家庭消费波动，研究结论表明，数字金融对家庭消费波动的影响是正面的，即加大了消费波动性，该结论在采用不同口径的消费波动变量后仍然稳健。因为长久以来中国金融市场并不完善，很大一部分人口无法获得资金，本章研究结论也表明，数字金融的普惠性特征能够给家庭带来支付便利性，缓解流动性约束，家庭能够获得更多金融服务，所以，在研究结论上表现为数字金融正向影响家庭消费波动，消费波动性上升，该结论也从侧面佐证了数字金融发展能够提升家庭消费水平。

本章研究结论的政策含义主要为三点：（1）数字金融发展对于中国家庭消费水平的提升是显著的，作为新兴事物，在风险可控的情况下不应监管过度，相关部门应具有包容性监管特征。（2）除数字金融发展能够提升金融素养并缓解流动性约束外，从技术层面，应该加大对支付便利性问题更深层次的推进，提升居民消费效率。目前，中国互联网技术处于世界领先地位，能否继续保持并实现弯道超车，对于中国经济能否顺利过渡到高质量发展阶段至关重要。（3）数字金融对家庭消费水平的提升虽具有包容性特征，但恰恰说明中国城乡相对较大的差异性，亟须进一步打破城乡二元经济市场现状，在加快城镇化进程的同时，强化乡村地区的数字基础设施，不仅从收入水平上，而且，要从数字基础设施建设上缩小城乡差距。

第四部分
数字金融赋能经济高质量发展的中观效应评估

数字金融、企业融资约束：
基于中国上市公司数据分析

第一节　概　　述

在完美的资本市场下，企业的财务结构与投资无关，原因在于，外部融资和内部融资都是完美的替代品。如果投资取决于内部融资的可用性，而内部融资比外部融资具有成本优势，那么，外部融资和内部融资并不是完美的替代品。在现实中，理想的市场是不存在的，金融摩擦和金融抑制导致的信贷市场资源配置失衡和价格扭曲，以及信息获取成本极高导致的信息不对称和代理问题，造成企业对内部融资资金严重依赖，最终引发融资约束问题。虽然各国的金融体系都在为企业融资提供各种各样的政策与服务，但融资约束问题一直是发展中国家乃至世界的难题。当然，除了各国的金融体系存在差异外，金融领域的技术创新不足也是企业融资约束的重要原因之一（Huang et al.，2020）。金融业作为技术创新的前沿，在大数据、人工智能、区块链等技术领域进行整合，形成新的金融业态——金融科技（financial technology），导致一种新的金融模式——数字金融出现（Goldstein et al.，2019）。那么，数字金融与企业融资之间的关系是积极有效的吗？

既有文献认为，互联网技术（IT）是银行部门绩效增长的催化剂，特别是其支持银行服务、生产率增长和风险管理，因此，可以用IT加强传统银行部门的竞争优势（Porter et al.，1985）。数字金融服务通过互联网银行、移动电话、电子货币模式和数字支付等创新技术，拓宽了传统银行服务的覆盖范围，3G、4G 互联网技术的普及以及智能手机和平板电脑的广泛使用，增加了市场主体对数字服务的需求。这种市场需求鼓励金融机构、软件公司和其他服务供应商提供先进的数字银行服务，同时，也推动了新的多元化产品和应用程序的出现（Abbasi et al.，2017）。

数字金融作为新兴研究领域，既有文献关于数字金融的经济效应大多集中在对金融行业技术进步的积极影响上，即金融包容性，主要集中在消费促进（Beck et al.，2018；Li et al.，2020）、银行稳定（Banna et al.，2021）、金融包容性维度内涵（Demirgüç – Kunt et al.，2014）、金融素养对社会福利以及不同人群选择的重要性（Hasan et al.，2021；Luhrmann et al.，2018）、信息和通信技术在金融领域的运用有助于降低收入差距（Mushtaq et al.，2019）、数字金融降低了传统金融机构的金融排斥（Ren et al.，2018；Zhong et al.，2021）、促进企业创新（Tang et al.，2020）、提高全要素生产率（Song et al.，2021）以及数字金融发展促进了技术创新与地区创业，进而推动了经济增长（Qian et al.，2020）。

这些积极的发现，一是受益于数字金融能够扩大传统金融服务的边界并以极低的成本进行扩张，能够降低交易成本，提供便捷、迅速的融资渠道，解决传统金融因信息不对称带来的金融排斥等问题（Yang et al.，2018；Bourreau et al.，2015）。二是金融科技在数字支付系统中的运用，不仅可以帮助企业建立信用记录，以数据提升正规融资可得性（Klapper et al.，2019），而且，能利用支付系统与其他融资渠道的相互关联，在一定程度上缓解信贷约束（Yin et al.，2019），并采用不同的技术和方法评估信贷，设定利率和其他操作决策（Buchak et al.，2018），这将大大增加金融服务的可用性和企业获得正式贷款和非正式贷款的可能性，最终改善企业融资环境。另外，移动支付提供了一个新的、高效的信息通信渠道，通过该渠道可以传播成功的创业经验以及对风险资产的理解，有助于创业（Zhou et al.，2018）。

可见，数字金融的经济影响是广泛的，但是，既有文献并未深入涉及企业融资约束问题，更多的是将融资约束当作一种既定事实，并在此基础上，研究企业投资活动、企业创新活动等（Cincera et al.，2010；Sasidharan et al.，2018；Hall et al.，2016）。当然，也可能是关于数字金融的数据较为稀缺，相关系统性研究较为稀少（Xu，2017），因此，对宏观因素和微观因素的深入探究成为解决企业融资约束的关键。本章将以中国上市公司的数据为样本，深入探究数字金融对企业融资约束的影响及其影响机制。

　　本章选取中国上市公司的数据为样本的原因有三点。一是目前中国处于数字金融发展的最前沿，数字金融为中国传统金融行业创新提供了更多机会（Goldstein et al.，2019），为研究数字金融的影响提供了机遇。二是衡量数字金融的发展状况极具挑战性。一些研究文献通过挖掘与数字金融相关的新闻文本衡量数字金融的发展（Cheng et al.，2020）或只研究一种数字金融，例如，大数据投资（Zhu，2019）或 P2P 贷款（Tang，2019）。北京大学数字金融研究所开发了一个独特的指数——北京大学数字普惠金融指数，该指数包括中国的 31 个省（区、市）从 2011 年到 2020 年的数字金融发展评估指数。运用此指数，我们可以衡量中国各地不同的数字金融发展水平，避免不同统计口径上的差异。三是穆斯塔克等（Mushtaq et al.，2019）认为，研究金融部门发展对发展中国家影响的文献很少，为不断变化的金融市场格局设计一个监管框架和保护机制至关重要。中国是世界第二大经济体和最大的发展中国家，本章的研究为广大发展中国家提供可以借鉴的学术经验或者实践经验。

　　本章主要回答了三个问题。一是不同于既有文献将融资约束当作既定事实，本章利用微观企业数据，探讨了数字金融是否有助于缓解企业的融资约束，是否可以弥补传统金融的空白。本章基于企业融资约束视角展开研究，研究结论丰富了数字金融带来的经济效应等相关研究文献。二是本章基于宏观波动性视角、微观波动性视角，分析影响企业融资约束的因素，以及数字金融是否会降低消极因素对企业融资约束的影响。目前，基于波动性视角分析数字金融对企业融资约束影响的相关文献非常稀少，本章为数字金融未来在经济波动性领域的运用提供了研究基础，有助于拓展数字金融的研究框架，同时，进一步证明数字金融在外部治理中的作用。三是本章基于数字金融的包容性特点，对于企业个体差异在数字金融对融资约束影响中的异质性进行了研究，这为数字金融更精准地为相对弱势企业提供服务增加了新的证据，丰富了数字金融对企业融资约束影响因素的相关研究。

第二节　机制研究

融资约束是企业发展面临的重要障碍，既有文献表明，企业面临融资约束时会有各种负面影响（Ayyagari et al.，2008；Campbell et al.，2012；Haider et al.，2018）。例如，在信贷受限的公司中，平均研发投资和生产率增长与销售波动呈负相关关系（Aghion et al.，2008）。导致融资约束的主要原因在于，信贷市场资源配置失衡和价格扭曲。信息不对称会导致优质借款人退出市场，且信息不对称越严重，企业对内部现金流越依赖，面临的融资约束问题越严重（Stiglitz et al.，1981），另外，代理成本过高，也会引发融资约束问题（Jensen et al.，1986）。既有文献大多是在传统金融系统框架内讨论融资约束，研究表明，运用金融科技作为一种替代性融资方式，相较于传统融资方式，能够以较低成本提供更便捷的融资渠道，有效地提高企业融资可获得性（Cole et al.，2019）。也有文献认为，数字金融发展提供的内部治理机制或外部治理机制，可以提高企业治理水平，而更高的治理水平会给企业带来更高的估值溢价、更强的融资能力，更容易获得外部融资以及更低成本的资金（Pan et al.，2013；Bris et al.，2012；Doidge et al.，2004）。数字金融作为新的金融模式，能够借助数字技术优势，连接企业与银行等金融机构，保证信息在企业与银行之间的有效传递，发挥数字金融在信贷市场中的信息中介作用，能够实现目标企业信息的整合和评估，构建信用评价体系，形成信息的良性流转循环，同时，精准把控资金流向、预期收益和偿还概率等投融资决策，最终缓解信息不对称。另外，数字金融的发展可以缓解金融机构与企业间的代理冲突，从而缓解企业融资约束。基于上述分析，本章提出假设 7 - 1。

假设 7 - 1： 数字金融发展可以降低企业融资约束。

如前文所述，关于企业融资约束的文献大多将其作为既定事实，在此基础上，研究其对企业带来的一系列影响，或者从融资约束的影响因素出发，研究不完善的金融体系等宏观因素（Chen et al.，2013）。但导致这些问题的本质，主要是金融市场的不完善。企业融资约束程度直接关乎投资收益和创新动力，与就业、个体收入、消费等有直接关系，在不完美的金融体系下企业融资约束对经济主体带来的负面影响，会对经济产出造成波动（Aghion et al.，2010）。在完美的金融体系下，企业内部融资和企业外部融资完全替代，金融摩擦消失，企业不存在融资约束，仅依靠投资机会做决策（Modigliani et al.，1958），此时，对经济产出造成的波动是最小的（Beck et al.，2006），可见，企业层面与宏观经济层面是紧密相连的。当然，宏观经济环境对企业投融资决策也有重要影响，哈克巴特等（Hackbarth et al.，2006）指出，企业现金流的波动同时受企业特定因素和宏观经济因素的冲击，因此，宏观经济条件不但影响系统性的信贷风险，而且，影响微观层面企业的投融资决策，这促使企业对投融资决策做出选择以适应经济周期的特定阶段。比如，2008年金融危机导致宏观经济大幅度波动，促使大量企业面临严重的融资约束，波动性强的外部环境会使相关管理人员不愿意为项目进行融资（Beaudry et al.，2001）。金融加速器理论认为，不利的外部冲击，如信贷约束加剧等导致宏观经济波动增强，使得系统性风险攀升，经济发展趋势下行等因素使得企业净值下降，借贷的代理成本增加，资本市场信息不对称程度更加严峻，企业外部融资成本相较于企业内部融资成本溢价更高，最终使得企业融资约束更加严重。相反地，当宏观经济波动和风险下降时，经济形势趋向好转，又会使得企业净值提高，外部融资代理成本下降，信息不对称和融资环境均得以改善，此时，企业内外部融资摩擦趋于减弱，缓解了企业融资约束（Bernanke et al.，1996）。

大部分文献认为，经济增长和经济波动具有负相关关系，但发达的金融系统有助于降低经济波动，如果一个经济体的金融系统不发达，那么，信贷限制会导致金融资源不一定能得到有效利用（Kunieda，2008；Beck et al.，2006）。在这样的经济体中，如果冲击对企业抵押品的价值产生负面影响，将会严重影响融资成本，进一步造成融资约束。杰尔曼等（Jermann et al.，2006）通过一般均衡模型分析发现，如果金融市场的创新允许更大的金融灵活性，将会导致更低的产出波动性。因此，数字金融的本质，是金融创新，在缓解金融摩擦、降低信贷门槛、优化资源配置、平滑风险并抑制波动方面将发挥更大的技术优势。基于上述分析，本章提出假设7-2。

假设7-2：数字金融发展可以通过降低宏观经济波动，缓解企业融资约束。

金融摩擦的存在，使得企业的融资行为受到宏观经济波动的影响。目前，经济政策的不确定性造成的经济后果受到越来越多的关注，金融摩擦是不确定性冲击向实体经济传播的重要机制，高度的政策不确定性会导致金融紧缩（Alessandri et al.，2019），进而增加企业融资成本（Colak et al.，2017）。研究表明，政策不确定性主要通过信息不对称和道德风险影响企业融资约束（Ma et al.，2022）。企业和借款机构之间的信息不对称导致融资成本增加以弥补信息不对称带来的劣势（Myers et al.，1984），经济政策不确定性也会使企业未来的现金流变得更不稳定，加大违约风险（Zhang et al.，2015）。另外，从实物期权角度来看，企业和投资者可能会在政策高度不确定性下选择推迟投资，这增加了股权融资难度和融资成本（Pastor et al.，2013）。因此，经济政策的不确定性对企业获得银行信贷的机会产生了负面影响（Bordo et al.，2016）。高度发达的金融体系能够有效地分配资源，消除金融摩擦，有效缓解企业面临的融资约束（Carrière-Swallow et al.，2013；Karaman et al.，2019）。疲软的金融市场可以向实体部门传播不确定性冲击，发达的金融系统将减轻不确定性冲击对金融约束的不利影响。即金融发展会干扰金融摩擦机制。

数字金融在降低信息不对称及违约风险方面具有技术优势，比如，通过大数据、人工智能等算法能够快速捕捉不同层次借贷者之间的行为信息，建立准确可靠的信用信息评估系统。因为数字金融不需要传统银行机构的营业网点，所以，极大地拓宽了金融的获取渠道和融资范围。在传统金融市场中，许多分散的小规模市场参与者组成了金融市场中庞大的长尾客户群体。然而，成本和技术的限制及信息不对称等，使得传统金融体系并不能有效地服务小规模投资者，导致该群体缺少金融服务。数字金融以其不受时间限制或空间限制的独特优势，为传统金融机构提供了便捷的客户渠道，填补了传统金融服务领域的空白。另外，数字金融大大减少了金融信贷审批时间，大多数情况下并不需要企业和信贷机构"面对面"，减少了人工审批流程，降低了业务流程中的成本。总体而言，金融科技有助于建立一个更具包容性的金融体系，为被传统银行信贷排除的借款人创造信贷渠道（Hau et al.，2019）。基于上述分析，本章提出假设7-3。

假设7-3：数字金融发展可以降低经济不确定性对企业融资约束的负面影响。

另外，如果数字金融可以平滑经济波动并降低经济不确定性对企业融资的负面影响，那么，基于企业层面的投资波动也将趋于缓和，这将为企业营造一个有利的投融资环境，因此，本章提出假设7-4。

假设7-4：在企业层面，数字金融发展可以缓解投资波动对企业融资约束产生的不利影响。

第三节 研究设计

（一）研究样本

本章选取2011~2018年深圳证券交易所和上海证券交易所上市的中

国企业，企业层面相关指标来自中国股票市场和会计研究数据库（CS-MAR）。考虑到数据的可用性和可比性，选择标准为：（1）企业已连续两年遭受经营亏损，风险预警（ST）及连续三年经营亏损，发布退市警告（*ST）的上市公司被删除；（2）考虑到财务数据特殊性，金融类企业和保险类企业被排除在外；（3）删除严重缺失数据的企业样本；（4）为消除极端值的影响，将连续型变量进行 1% 分位数和 99% 分位数缩尾处理。最终样本包括 2011～2018 年的 2 707 个企业，总计 15 269 个年度非平衡面板数据。同时，本章在稳健分析中也采用了企业高频数据，包含 56 308 个季度数据。数字金融指数，来自北京大学数字金融研究中心发布的北京大学数字普惠金融指数报告。

（二）变量选择和变量定义

1. 核心解释变量

数字金融的发展利用由北京大学数字金融研究所、上海金融研究所和蚂蚁金服金融服务公司提出的基于数字金融大数据编制的数字金融指数进行衡量。该指数涵盖数字金融服务的三个维度：覆盖广度、使用深度和数字支持服务。三个维度下又细分为 33 项指标，该指数能够全面反映中国数字金融发展程度（Li et al.，2020）。该指数起始年份为 2011 年，因此，本章选取企业所在省（区、市）的 2011～2018 年度指标作为数字金融指数，并和企业层面数据相匹配。

本章选取三个波动性指标进行渠道分析，分别是经济波动性指标，经济政策不确定性指标和企业层面投资波动指标。经济波动性指标，选取企业所在省（区、市）季度 GDP 的每六期平滑标准差的年度均值作为代理变量。经济政策不确定性指标，来自贝克尔等（Baker et al.，2016）的研究，本章以经济政策不确定性指标的月度均值作为衡量政策不确定性的代理变量。企业层面投资波动性指标，用企业投资额标准差代替。GDP 指标来自 2011～2018 年《中国统计年鉴》。

2. 核心被解释变量

关于企业融资约束指标的衡量已有大量文献研究，本章融资约束指标的衡量与既有文献一致，选取哈德洛克等（Hadlock et al. , 2010）对融资约束的衡量：$SA = -0.737 \times \ln(Asset) + 0.043 \times \ln(Asset)^2 - 0.04 \times Time$，其中，$\ln(Asset)$ 表示总资产除以 100 万后取对数，Time 表示企业年龄，计算所得 SA 数值越大，表明企业融资约束程度越大。在稳健性分析中，本章采取现金流量（CCF）模型来衡量企业融资约束（Almeida et al. , 2004），该模型认为，当企业融资约束加强时，现金流的变化受到经营现金流变化的影响也会增大。

3. 控制变量

本章控制了一系列企业层面和区域经济发展程度指标的变量，这些变量在相关融资约束文献中能够解释企业的融资状况。企业层面变量选取：企业规模（SIZE），托宾 Q（Q），企业杠杆率（LEV），企业成立时间（AGE），净资产收益率（ROE），主营业务成本（MBC），营业收入增长率（GRMI），第一大股东股权占比（SHARE）。考虑到数字金融发展可能受到区域经济发展和区域金融发展的影响，本章也控制了区域经济发展差异和中国金融发展状况变量，区域经济发展差异指标选取：企业所在省（区、市）GDP 增速（ECONOMIC_ GROWTH），区域 R&D 投入规模（R&D），区域固定资产投资规模（FIX），区域贸易依存度（OPEN）。中国金融发展状况，以年度广义货币发行规模（MONETARY POLICY）衡量。另外，本章还控制了时间固定效应以及行业固定效应以捕捉随时间变化的因素以及行业因素对企业融资约束的影响。使用的变量大多是企业层面的，因此，使用企业层面聚类的异方差稳健标准误进行统计推断。

变量统计描述，如表 7 - 1 所示，其中，数字金融指数（EFIN）、企业规模（SIZE）、主营业务成本（MBC）、区域研发支出费用（R&D）、固定资产投资（FIX）以及广义货币发行规模（MONETARY POLICY）

均采用对数形式表示。EFIN 最小值为 0.162，最大值为 3.777，标准差为 0.836，表明数字金融不同年度之间的差异性，同时，也表明其发展迅速。企业年龄（AGE）的均值是 16.370，最小企业年龄为 1.458，充分体现了样本企业的多样性，有助于分析企业不同成长阶段的融资约束状况。另外，净资产收益率（ROE）均值是 0.046，主营业务成本（MBC）均值为 20.480，营业收入增长率（GRMI）均值为 0.174，第一大股东股权占比（SHARE）的均值是 35.740，企业资产负债率（LEV）的均值为 0.420，说明大部分企业平均负债率较高，和企业融资约束指标（FC）密切相关，FC 均值为 -3.736，表明大部分企业处于融资约束状态。在区域宏观指标中，区域经济增速采用 GDP 增速（ECONOMIC_GROWTH）表示，均值为 108.500，代表平均增速为 8.50%，区域研发支出费用（R&D）均值为 23.260，固定资产投资（FIX）均值为 9.480，外贸依存度（OPEN）均值为 0.236，但是，最小值为 0.017，最大值为 1.548，差异较大，主要由区域发展定位以及产业结构差异性造成。广义货币发行规模（MONETARY POLICY）均值为 6.848，标准差较小为 0.206，表明样本区间内差异性不大，也说明中国广义货币供给的连续性与稳定性。

表 7-1　　　　　　　　　　变量统计描述

变量	观测值	均值	标准差	最小值	最大值
企业融资约束指数（FC）	15 269	-3.736	0.258	-5.209	-2.112
数字金融指数（EFIN）	15 269	1.960	0.836	0.162	3.777
企业年龄 AGE（年）	15 269	16.370	5.623	1.458	51.350
托宾 Q 比率（Q）	15 269	2.608	1.735	0.875	10.060
企业规模（SIZE）	15 269	22.100	1.267	19.640	25.960
净资产收益率（ROE）	15 269	0.046	0.057	-0.285	0.263
企业资产负债率（LEV）	15 269	0.420	0.210	0.048	0.885
营业收入增长率（GRMI）	15 269	0.174	0.343	-0.786	4.253
第一大股东股权占比（SHARE）	15 269	35.740	14.690	9.556	75.000

续表

变量	观测值	均值	标准差	最小值	最大值
主营业务成本（MBC）	15 269	20.480	1.614	8.565	28.120
GDP 增速（ECONOMIC_GROWTH）	15 269	108.500	2.208	100.500	116.400
区域研发支出费用（R&D）	15 269	23.260	1.594	20.170	26.070
固定资产投资（FIX）	15 269	9.480	0.855	7.269	11.090
外贸依存度（OPEN）	15 269	0.236	0.295	0.017	1.548
广义货币发行规模（MONETARY POLICY）	15 269	6.848	0.206	6.482	7.106

资料来源：笔者根据本章研究样本选取的数据运用 Excel 软件计算整理而得。

　　数字金融指数和企业融资约束拟合散点图，见图 7-1。在图 7-1 中，本章将数字金融指数与企业融资约束变量的相关性进行了简单的拟合分析，图 7-1（a）为数字金融指数未添加控制变量的两变量拟合图，图 7-1（b）为数字金融指数添加控制变量的两变量拟合图，两幅图均表明，随着数字金融的发展，企业融资约束程度存在减轻趋势，但可能有巧合，仍需要深入论证。

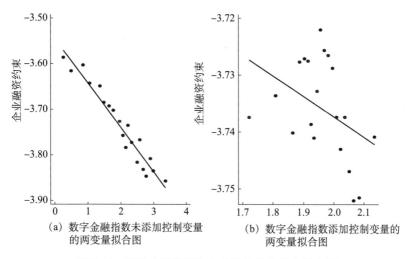

(a) 数字金融指数未添加控制变量的两变量拟合图　　(b) 数字金融指数添加控制变量的两变量拟合图

图 7-1　数字金融指数和企业融资约束拟合散点图

资料来源：笔者根据本章研究样本数据运用 Stata 16.0 软件计算整理绘制而得。

（三）实证模型

为了研究数字金融发展如何影响企业融资约束，我们以融资约束作为因变量，以数字金融指数作为自变量，其他控制变量为企业层面、区域层面和国家层面的指标。我们采用以下方程验证假设 7 - 1。

$$FC_{it} = c_1 + c_2 EFIN_t + \sum_{i=1}^{n} \beta_i \chi_{it} + \delta_i + \varphi_i + \varepsilon_{it} \qquad (7-1)$$

在式（7 - 1）中，i 表示上市公司，t 表示年份，χ_{it} 表示前文所述控制变量，ε_{it} 表示白噪声误差项，为控制时间变化因素，δ_i 表示时间效应，φ_i 表示行业效应。FC 为本章核心被解释变量，表示企业融资约束程度，EFIN 为核心解释变量，表示数字金融指数，如果假设 7 - 1 成立，那么，c_2 系数为负，即数字金融发展可以有效地缓解企业面临的融资约束。

本章对基准回归采取多种稳健性分析，包括使用工具变量，替换解释变量，划分样本以及放松外生性假设等方法对工具变量进行检验等，与此同时，本章也将探讨数字金融对于企业融资约束影响的异质性，例如，考虑数字金融不同维度的影响，以及考虑企业周期性因素等，这部分将在后面研究中逐步展开。另外，为了验证假设 7 - 2 和假设 7 - 3，采用以下方程验证：

$$FC_{it} = c_3 + c_4 VOLATILITY_{it} + \sum_{i=1}^{n} \beta_i \chi_{it} + \delta_i + \varphi_i + \varepsilon_{it} \qquad (7-2)$$

$$VOLATILITY_{it} = c_5 + c_6 EFIN_t + \sum_{i=1}^{n} \beta_i \chi_{it} + \delta_i + \varphi_i + \varepsilon_{it} \qquad (7-3)$$

其中，VOLATILITY 表示各个维度的波动变量，分别对应假设 7 - 2 和假设 7 - 3。如果波动性对企业融资有负面影响，那么，c_4 的系数应该是正的，即波动性加剧了企业融资约束，如果数字金融的优势在于减少信息不对称，节约交易成本，扩大金融服务覆盖面，降低金融摩擦，优化金融资源配置，那么，数字金融对波动性或者不确定性的影响应该是积极的，因此，c_6 的系数应该是负的。

本章不仅讨论数字金融对企业融资约束的影响，而且，关注该影响是否具有普惠性，大部分企业融资约束相关文献均表明产权所有制等是造成融资成本差异的因素。因此，本章将考虑数字金融是否会对较难融资的企业更有帮助，相关实证模型和实证结果将在后文讨论中给出。

第四节　实证结果分析

（一）基准回归结果

数字金融对企业融资约束影响的回归结果，见表 7 - 2。第（1）列~第（3）列为面板混合回归，其中，第（1）列未添加控制变量，第（2）列添加企业层面控制变量，第（3）列在控制企业层面控制变量的基础上控制宏观因素变量。企业发展和数字金融发展均离不开经济发展、创新投入、基础设施建设水平和经济开放度的正面推动，因此，以经济增长速度表示企业所在省（区、市）的经济发展潜力，以企业所在省（区、市）创新投入支出规模控制区域创新因素对企业绩效水平带来的影响，以企业所在省（区、市）固定资产投资规模衡量该省（区、市）的基础设施建设水平以及经济活力，同时，控制宏观层面经济开放度。结果表明，仅控制企业层面的相关变量后，数字金融系数比未添加任何控制变量的结果显著降低，且在 1% 的水平上显著，但添加宏观层面控制变量后，第（3）列数字金融系数上升。一方面，表明仅控制企业层面控制变量存在遗漏变量问题；另一方面，当企业处于宏观经济向上的环境时，会因投资活动加大其对资金的需求，加剧企业融资约束，并且，宏观经济整体发展水平与数字金融的发展正相关，会强化数字金融对融资约束的影响。因此，第（2）列结果会被低估，当在第（3）列控制宏观因素后，数字金融系数增加，即便如此，回归结果仍然存在遗漏不可观测变量的问题，因此，第（4）列~第（6）列分别采取控制不随时间变化，而随截面变化的行业固定效应模型以及随时间变化的时间固定效应模型。第（4）列为未添加控制变量的面板固定效应回归结果，数字金融系

数为 -0.119 且在 1% 的水平上显著，第（5）列在控制企业层面变量后，数字金融系数显著下降，但仍在 1% 的水平上显著，第（6）列在第（5）列的基础上控制了宏观层面变量，数字金融系数相较于只控制企业层面变量的结果向上修正，系数最终为 -0.031，与第（3）列采用面板混合回归的结果偏差不大，并且，第（6）列采用双向固定效应模型进行估计，因此，数字金融系数相较于第（3）列的结果向下修正，基准结果以第（6）列的结果为准。从整体来看，数字金融有助于缓解企业融资约束。

在其他控制变量方面，企业融资约束与企业成立年龄成负相关，主要原因在于，随着企业的市场存活时间变长，企业规模、自有资金、盈利能力、技术研发优势以及市场地位，均为企业获得更多资金提供了保障，尤其在以间接融资为主的中国资本市场，这些优势是跨越银行信贷门槛的保证。因此，企业规模以及盈利能力对融资约束的影响显著为负。另外，托宾 Q 值代表投资机会，随着 Q 值增加，会加剧企业融资约束，与此同时，资产负债率数值的增加，缓解了企业融资约束。

（二）稳健回归结果

稳健回归结果 A

本章在基准回归中充分考虑了企业个体特征及其所处区域的宏观环境因素，但仍可能存在遗漏无法预测变量的问题，特别是当遗漏变量与控制变量相关时，基准回归估计结果无法得到一致性，因此，本章主要采用三种方法确保基准回归结果的稳健性：（1）更换企业融资约束具体表征形式；（2）采用工具变量方式，最大限度地缓解内生性问题带来的估计偏差；（3）采用企业季度数据，以扩大样本容量形式对基准回归进行再检验。

稳健回归结果 A，见表 7-3。表中的第（1）列~第（2）列，为本章借鉴阿尔梅达等（Almeida et al.，2004）的现金流波动—现金流波动敏感性模型重新衡量的企业融资约束，如果企业存在融资约束，那么，

表 7 - 2　数字金融对企业融资约束影响的回归结果

变量	融资约束					
	(1)	(2)	(3)	(4)	(5)	(6)
数字金融	-0.097*** (0.002)	-0.016*** (0.001)	-0.036*** (0.008)	-0.119*** (0.001)	-0.012*** (0.003)	-0.031** (0.014)
企业存续年限		-0.040*** (0.000)	-0.040*** (0.000)		-0.033*** (0.001)	-0.027*** (0.008)
托宾 Q 值		0.021*** (0.001)	0.026*** (0.001)		0.003*** (0.001)	0.006*** (0.001)
企业规模		0.032*** (0.002)	0.035*** (0.002)		-0.029*** (0.005)	-0.024*** (0.005)
净资产收益率		-0.210*** (0.019)	-0.246*** (0.019)		-0.053*** (0.013)	-0.068*** (0.014)
企业杠杆率		-0.035*** (0.008)	-0.031*** (0.008)		-0.026** (0.012)	-0.026** (0.012)
营业收入增长率		0.018*** (0.003)	0.015*** (0.003)		-0.001 (0.002)	-0.001 (0.002)
第一大股东股权占比		0.000*** (0.000)	0.000*** (0.000)		0.001*** (0.000)	0.001** (0.000)

续表

变量	(1)	(2)	(3)	(4)	(5)	(6)
			融资约束			
主营业务成本		0.009***	0.009***		-0.002	-0.005
		(0.002)	(0.002)		(0.003)	(0.003)
区域经济增速			0.003***			-0.001
			(0.001)			(0.001)
区域研发支出			-0.014***			0.010*
			(0.002)			(0.005)
区域固定资产投资			0.023***			0.007
			(0.004)			(0.006)
区域外贸依存度			0.044***			-0.016
			(0.007)			(0.015)
广义货币增速			0.142***			-0.008
			(0.038)			(0.105)
观测值	15 269	15 269	15 269	15 269	15 269	15 269
R²	0.099	0.809	0.814	0.796	0.842	0.844
行业固定效应	否	否	否	是	是	是
时间固定效应	否	否	是	否	否	是

注：***、**、* 分别表示在 1%、5% 和 10% 的水平上显著。

资料来源：笔者根据本章样本数据运用 Stata 16.0 软件计算整理而得。

表7-3

稳健回归结果 A

变量	(1)	(2)	(3)	(4)	(5)
	企业现金波动	企业现金波动	融资约束	融资约束	融资约束
现金流	0.130***	0.201***			
	(0.012)	(0.021)			
数字金融		0.012	-0.041**	-0.035***	-0.018**
		(0.008)	(0.017)	(0.004)	(0.008)
数字金融×企业现金流		-0.040***			
		(0.009)			
控制变量	YES	YES	YES	YES	YES
观测值	14 408	14 408	15 005	15 005	56 308
R^2	0.054	0.055	0.841	0.843	0.905
第一阶段 F 统计值			483.40	6 607.60	
Anderson canon. corr. LM 统计概率值			0.000	0.000	
Cragg-Donald Wald F 统计值			>10% IV 值	>10% IV 值	
行业固定效应	是	是	是	是	是
时间固定效应	是	是	是	是	是
行业×时间	否	否	否	否	是

注：***、**、* 分别表示在 1%、5% 和 10% 的水平上显著。
资料来源：笔者根据本章样本数据运用 Stata 16.0 软件计算整理而得。

第（1）列中企业现金流的系数应该为正，回归结果表明，该系数为0.130且在1%的水平上显著为正，这表明，企业严重依赖其现金流，上市企业具有显著的融资约束。为了验证数字金融对企业融资约束的缓解作用，本章将数字金融和企业现金流的交互项纳入第（2）列回归方程结果表明，数字金融×企业现金流的交互项系数显著为负。这表明，存在融资约束的情况下，数字金融发展可以缓解企业融资约束。

虽然本章通过更换估计方法验证基准回归结果的稳健性，但仍然存在测量误差或者遗漏变量导致的内生性问题。接下来，本章采取工具变量方式对结果进行稳健性检验。本章采用两种类型的工具变量，其一，数字金融主要依靠互联网平台及 App 形式进行，本章采用企业所在省（区、市）的互联网普及率作为工具变量，互联网普及率与企业融资约束并无直接关联性，却是数字金融发展不可缺少的基础条件，同时，本章控制宏观环境因素变量，进一步截断了互联网因素与企业融资约束之间的关系，互联网普及率变量更加外生；其二，本章以企业所在区域之外的其他区域的数字金融平均发展水平作为本省（区、市）数字金融发展水平的工具变量，溢出效应使得外省（区、市）的数字金融发展水平和本省（区、市）的数字金融发展水平密切相关，同时，与本省（区、市）企业融资约束问题没有直接关联性。第（3）列的结果，采用互联网普及率作为工具变量，工具变量检验结果表明，通过相关性检验以及弱工具变量检验，数字金融系数为 -0.041，在5%的水平上显著为负。第（4）列的结果采用其他省（区、市）的数字金融平均发展水平作为工具变量，数字金融系数为 -0.035且在1%的水平上显著为负。

这表明，本章基准回归结果未受到内生性问题的太大干扰，同时，工具变量回归结果的数字金融系数和基准回归结果基本一致，波动不大，本章基准回归结果具有稳健性。

我们采用高频数据对企业融资约束和数字金融发展之间的关系进行再次检验，同时，采取行业和时间交互项控制产业层面随时间变化的影响因素。第（5）列的回归结果表明，数字金融发展对企业融资约束的影响仍然积极。

稳健回归结果 B

对于内生性问题，既有文献最有效的办法是，寻找合适的工具变量，论证工具变量的外生性，但是，工具变量的外生性无法严格论证，特别是当工具变量仅有一个的时候，萨根统计数值为零，表现为恰好识别，我们无法真正有效地判别工具变量的合理性。因此，需要考虑在不满足工具变量外生性条件下的识别问题。我们借鉴康利等（Conley et al.，2012）放松外生性假设的方法，对工具变量回归方法进行稳健性检验。完整的工具变量框架，见式（7 - 4）：

$$FC_{it} = c_1 + c_2 E \, fin_t + \sum_{i=1}^{n} \beta_i \chi_{it} + \delta_i Z + \varphi_i + \varepsilon_{it} \qquad (7-4)$$

检验工具变量的有效性有两种思路：（1）清除工具变量在 X 上的效果后，对 Y 没有影响；（2）工具变量与残差无关，在式（7 - 4）中，Z 为工具变量，当 δ_i 等于 0 时，是传统的工具变量框架，此时，严格外生性要求得到满足，如果 δ_i 不等于 0，有两种方法处理工具变量没有严格外生性时的估计，一种方法是在假定 δ_i 取值范围内的先验信息中估计 c_2 的一系列数值，即求 c_2 的置信区间，此时，估计方程变为：

$$(FC_{it} - \delta_i Z) = c_1 + c_2 E \, fin_t + \sum_{i=1}^{n} \beta_i \chi_{it} + \varphi_i + \varepsilon_{it} \qquad (7-5)$$

因此，我们可以使用 δ_i 的分布通过看似合理的外生方法纠正工具变量估计的偏差，从而使得工具变量估计更可靠，康利等（2012）将这种方法称为置信区间联合法（union of confidence intervals，UCI）；另一种方法是，对 δ_i 的取值范围不做给定，而是假设 δ_i 服从某个分布，可以得到关于 c_2 的渐进分布，此时，估计方程变为：

$$\hat{C}_2 \sim N \, (C_2 + A \, \mu_\delta, \, V_{2sls} + A'\Omega_\delta A') \qquad (7-6)$$

在式（7 - 6）中，一般假设 δ_i 服从高斯分布 $N \, (\mu_\delta, '\Omega_\delta)$，此时，对其估计将得到关于 c_2 的预测值，康利等（2012）将这种方法称为局部归零（local to zero，LTZ）估计。

稳健回归结果 B，见表 7 - 4。表 7 - 4 为看似合理的外生方法估计结果。首先，看 UCI 方法的结果，面板 A 显示了在不同的 δ_i 取值下的数字金融 Efin 的 95% 置信区间的估计值。当采用互联网普及率作为工具变量时，c_2 的取值上下边界是 $[-0.1724, -0.0382]$，当采用邻近省（区、市）数字金融指数作为工具变量时，c_2 的 95% 置信区间的估计值为 $[-0.0708, -0.0123]$，该结果衡量了工具变量违反外生性时 c_2 的取值范围。采用互联网普及率估算数字金融指数回归系数区间分布，见图 7 - 2；采用邻近省（区、市）数字金融指数估算数字金融指数回归系数区间分布，见图 7 - 3。图 7 - 2、图 7 - 3 表示置信区间的变化趋势，结果反映出大多数时候，c_2 的 95% 置信区间的估计值不包含 0，因此，这些趋势再次表明，即使 IV 不是协变量的外生条件（即 $\delta_i \neq 0$），在大多数情况下，c_2 的 95% 置信区间的估计值仍不包含 0，即 c_2 在 5% 的水平上显著。

表 7 - 4　　　　　　　　　　稳健回归结果 B

方法	（1）	（2）
	互联网普及率	邻近省（区、市）数字金融指数
面板 A. UCL 方法		
下限边界	- 0.1724	- 0.0708
上限边界	- 0.0382	- 0.0123
观测值	15 269	15 269
δ_i	$[0, 0.020]$	$[0, 0.010]$
面板 B. LTZ 方法	- 0.1316 ***	- 0.0402 ***
	(0.0178)	(0.0217)
观测值	15 269	15 269
N（mu，τ）	$[0.15, 0.001]$	$[0.23, 0.007]$

注：***、**、* 分别表示在 1%、5% 和 10% 的水平上显著。

资料来源：笔者根据本章样本数据运用 Stata 16.0 软件计算整理而得。

另一种看似合理的外生方法，是 LTZ 方法。我们假设 $\delta_i \sim N$（mu，τ）时，c_2 的值在不同工具变量下估计系数为 -0.131 和 -0.040，并且，仍然在 1% 的水平上显著为负，表明数字金融发展水平可以显著缓解企业融资约束。

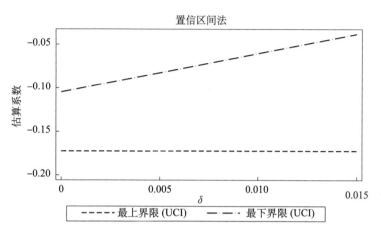

图 7 - 2　采用互联网普及率估算数字金融指数回归系数区间分布

资料来源：笔者根据放松外生性假设方法，使用表 7 - 4 的数据采用康利等（Conley et al.，2012）的方法估算，运用 Stata 16.0 软件计算整理绘制而得。

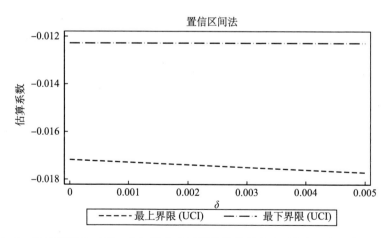

图 7 - 3　采用邻近省（区、市）数字金融指数估算数字金融指数回归系数区间分布

资料来源：笔者根据放松外生性假设方法，使用表 7 - 4 的数据采用康利等（Conley et al.，2012）的方法估算，运用 Stata 16.0 软件计算整理绘制而得。

（三）数字金融子指数回归

数字金融指标体系由三大体系构成，分别是数字金融使用深度、数字金融覆盖广度和数字化程度，因此，本章将数字金融指标分解降维至数字金融使用深度、数字金融覆盖广度和数字化程度三个层面。数字金融子指数回归结果，见表7-5。表7-5的第（1）列~第（3）列结果显示，数字金融使用深度和数字金融覆盖广度对企业融资约束影响不显著，数字化程度对企业融资约束影响显著为负。数字化程度是指，数字金融支持服务的程度，主要聚焦于金融服务的便利性和低成本，相比传统金融服务，便利性和低成本是数字金融的特色优势，彰显其普惠性的特点，因此，金融科技可以进一步推动金融基础设施信息化，提升市场主体交易效率，降低信息不对称程度。比如，大数据、云计算以及区块链技术的运用，因此，数字化程度可以缓解企业融资约束。数字金融使用深度指数侧重于数字金融服务的需求端，反映数字金融产品和服务的多样化与需求的匹配程度，离不开金融素养能力的提升。数字金融覆盖广度反映了数字金融服务的供给能力，比如，数字金融服务的辐射范围。数字金融使用深度指数对企业融资约束影响不显著带来的启示是，政府在数字金融发展过程中，在发挥数字金融优势、重视信息基础设施建设的同时要注重普及金融知识，提升需求方对金融服务的针对性和目的性，更好地促进实体企业发展。

数字金融覆盖广度指数主要和电子账户（支付宝）开户数量及绑卡数量有关，指数构成较为单一，而数字金融使用深度指数主要由支付业务、信贷业务、货币基金业务、保险业务、信用业务和投资业务构成，基于数据可得性以及一致性原则，最终选取支付业务、保险业务和信贷业务三个变量。虽然数字金融使用深度指数对企业融资约束影响并不显著，但是，表7-5中的第（4）列至第（6）列结果表明，在数字金融深度指数的构成中，支付指数以及保险指数对企业融资约束的影响显著为负。这表明，虽然整体上数字金融使用深度指数在统计显著性上对企业融资约束没有太大影响，但是，其子指数——支付指数和保险指数对企业融资约束有明显的缓解作用，主要原因在于，第三方支付已经成为最重要的支付方式，数字金融服务越便利（例如，移动支付笔数占总支付笔数的比例高），成本越低，越能彰显数字金融的普惠价值。信贷指数不显著的主要原因在于，数字金融使用深度指数构成中，信贷指数权重约为65%，由个人消费信贷和企业消费信贷两部分构成，目前，无法分离企业消费信贷数据，因此，信贷指数对企业融资约束的影响虽然为负，但并不显著。

表7-5　　　　　　　　　数字金融子指数回归结果

变量	(1)	(2)	(3)	(4)	(5)	(6)
	融资约束					
数字金融使用深度	-0.001 (0.001)					
数字金融覆盖广度		0.002 (0.001)				
数字化程度			-0.004*** (0.002)			
支付业务				-0.020*** (0.000)		
保险业务					-0.002** (0.000)	
信贷业务						-0.104 (0.000)
控制变量	是	是	是	是	是	是
观测值	15 269	15 269	15 269	15 269	15 269	15 269
R^2	0.706	0.704	0.705	0.704	0.706	0.705
行业固定效应	是	是	是	是	是	是
时间固定效应	是	是	是	是	是	是

注：***、**、*分别表示在1%、5%和10%的水平上显著。
资料来源：笔者根据本章样本数据运用Stata 16.0软件计算整理而得。

（四）周期性分析

既有文献大多主要就企业个体异质性问题探讨数字金融对企业融资约束的影响，然而，除了自身因素之外，企业发展在很大程度上还受制于企业生命周期。因为企业在其生命周期内进行投融资战略的选择，所以，本章将企业发展进行周期性划分，研究周期性因素是否会干扰数字金融对企业融资约束的影响。本章参照狄金森（Dickinson，2011）和黄宏斌等（2016）的划分方式，采用现金流组合法将企业划分为成长期（growing-up period）、成熟期（mature stage）和衰退期（recession period）。企业生命周期各阶段现金流特征，见表7－6。

表7－6　　　　　　　　企业生命周期各阶段现金流特征

现金流	成长期（GUP）		成熟期（MS）			衰退期（RP）		
	导入期	增长期	成熟期	衰退期	衰退期	衰退期	淘汰期	淘汰期
经营现金流净额	－	＋	＋	－	＋	＋	－	－
投资现金流净额	－	－	－	－	＋	＋	＋	＋
筹资现金流净额	＋	＋	－	－	＋	－	＋	－

注：＋、－表示正、负。
资料来源：笔者根据相关文献分析整理而得。

在不同生命周期的企业融资约束程度不尽相同，因为成长期企业缺少稳定盈利，处于全面拓展核心竞争力、抢占市场份额的阶段，内部现金流支持比例较低，且严重滞后于投资需求，企业往往存在较大资金缺口，所以，成长期企业面临很大融资约束。进入成熟期后，因为市场占有率水平处于平稳阶段，管理日益成熟，利润水平稳定，企业扩张速度趋于平缓，现金流水平较为充裕，所以，成熟期企业面临的融资约束并不突出。而当企业进入衰退期，因为企业市场占有率和利润率开始下滑，资产规模相对萎缩，企业为了增强竞争力，培育新的发力点往往会开启新一轮生命周期，企业经营者会投入更多资金进行创新并发现新的投资机会，所以，企业衰退期和初创成长期均面临严峻的融资约束问题。不同生命周期企业融资约束核密度分布，见图7-4，图7-4展示了从中位数水平来看，成长期企业融资约束程度大于成熟期企业，衰退期企业虽然面临融资约束问题，但相比于前者较轻。

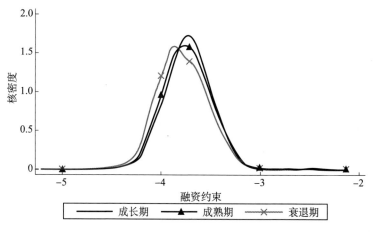

图7-4　不同生命周期企业融资约束核密度分布

资料来源：笔者根据表7-6的数据运用Stata 16.0软件计算整理绘制而得。

周期性回归结果，见表7-7，表7-7的第（1）列~第（3）列结果分别为企业成长期、企业成熟期和企业衰退期的样本回归结果，回归结果显示，数字金融的系数在企业成长期、企业成熟期样本内为负，且二者均在1%的统计水平上显著。本章发现，在企业衰退期，数字金融对企业融资约束的缓解作用并不显著，这可能与企业在衰退期时采取不同的融资方式有关（黄宏斌等，2016），也可能与企业在衰退时期的运营策略以及是否有较好的投资机会有关。

本章也将宏观层面的周期性因素纳入研究框架，表7-7的第（4）列的回归结果为信贷扩张周期数字金融对企业融资约束的影响，第（5）列的回归结果为信贷紧缩周期数字金融对企业融资约束的影响，结果表明，数字金融对企业融资约束的改善作用在信贷扩张周期和信贷紧缩

表 7 - 7　周期性回归结果

变量	(1)	(2)	(3) 融资约束	(4)	(5)
数字金融	- 0.049 ***	- 0.029 ***	0.003	- 0.007	- 0.045 ***
	(0.011)	(0.007)	(0.010)	(0.008)	(0.007)
企业存续年限	0.001	- 0.057 ***	- 0.056 ***	- 0.044 ***	- 0.018 *
	(0.020)	(0.008)	(0.010)	(0.017)	(0.010)
托宾 Q	0.007	0.002	0.008 ***	0.003	0.021 ***
	(0.005)	(0.003)	(0.002)	(0.004)	(0.003)
企业规模	- 0.026 ***	- 0.013 *	- 0.040 ***	- 0.036 ***	- 0.006
	(0.009)	(0.007)	(0.006)	(0.007)	(0.005)
净资产收益率	- 0.132 ***	- 0.029 *	- 0.038 ***	- 0.067 ***	- 0.092 ***
	(0.023)	(0.017)	(0.007)	(0.009)	(0.013)
企业杠杆率	- 0.044 ***	- 0.037 ***	0.006	- 0.017 ***	- 0.044 ***
	(0.007)	(0.011)	(0.008)	(0.003)	(0.009)
营业收入增长率	- 0.007	0.004	0.003	0.001	- 0.002
	(0.004)	(0.003)	(0.003)	(0.002)	(0.002)
第一大股东股权占比	0.001 ***	0.001 ***	0.000	0.001 ***	0.000 ***
	(0.000)	(0.000)	(0.000)	(0.000)	(0.000)

续表

变量	(1)	(2)	(3)	(4)	(5)
			融资约束		
主营业务成本	0.002	-0.010***	0.001	-0.002	-0.005***
	(0.003)	(0.004)	(0.004)	(0.002)	(0.001)
区域经济增速	-0.002	-0.001	-0.002**	0.001	-0.001*
	(0.001)	(0.001)	(0.001)	(0.001)	(0.001)
区域研发支出	0.009	0.015***	-0.002	0.002	0.018***
	(0.006)	(0.003)	(0.004)	(0.003)	(0.001)
区域固定资产投资	0.018***	0.010***	-0.003	-0.006*	0.006**
	(0.005)	(0.001)	(0.002)	(0.003)	(0.003)
区域外贸依存度	-0.025***	-0.018***	-0.011	-0.035***	-0.019*
	(0.005)	(0.005)	(0.013)	(0.006)	(0.011)
广义货币币增速	-0.507***	-0.406***	-0.272***	-0.349***	-0.541***
	(0.048)	(0.044)	(0.048)	(0.034)	(0.029)
周期	成长期	成熟期	衰退期	信贷扩张	信贷紧缩
观测值	7 327	5 238	2 648	9 285	5 984
行业固定效应	是	是	是	是	是
时间固定效应	是	是	是	是	是

注：本章以金融机构存贷款余额占 GDP 的比重衡量金融发展，对金融发展变量进行 hp 滤波处理，分离趋势项和波动项，如果波动项大于零，则定义为信贷扩张期；反之，为信贷紧缩期。***、**、* 分别表示在 1%、5% 和 10% 的水平上显著。

资料来源：笔者根据本章样本数据运用 Stata 16.0 软件计算整理而得。

周期具有差异性。在信贷扩张周期，数字金融对企业融资约束的改善程度要低于信贷紧缩周期。在信贷扩张周期，传统金融融资模式下，银行类金融机构往往会收紧信贷，降低信贷门槛，要求企业交付更低的抵押物，因此，数字普惠金融的优势在信贷扩张周期更明显。值得一提的是，本章再次验证了货币政策与企业融资约束的关系，在控制变量中，货币政策与企业融资约束变量负相关。这表明，宽松的货币政策有助于改善企业融资约束，该结果表明，在控制传统金融政策因素后，数字金融仍然对企业融资约束具有积极影响。

综上所述，在考虑了宏观层面、微观层面的周期性因素后，数字金融对企业融资约束的改善作用具有非对称性，结果表明，数字金融对处于成长期企业的融资约束改善作用最大，之后为成熟期，衰退期作用不明显，同时，在传统信贷紧缩周期，数字金融优势将得到进一步发挥，更有助于缓解企业融资约束。

第五节　机制分析

（一）机制分析结果

在前文分析中，我们考虑了周期性因素在数字金融影响企业融资约束中带来的差异性，一般对于企业而言，在经济扩张阶段或经济繁荣阶段，经济活力持续释放，市场投资机会增多，持有的资产估值上涨，因而，扩大投资、降低现金持有是有利的选择，引致信贷需求力度上升。而在经济下行阶段，信贷收缩，经济活力下降，对于企业而言借贷成本持续上升，导致信贷需求下降。信贷波动与周期性因素密切相关，而经济政策不确定性是引起周期性波动的重要因素之一，势必会对银行信贷产生冲击，进而影响企业融资。数字金融作为金融科技在金融领域的深度运用，具有金融属性，同时，具有独特优势。比如，运用大数据减少信息不对称以及道德风险，引导信贷资金流向资金需求方，提高金融资源配置效率，因此，数字金融应该可以平滑不确定性产生的风险。为了验证此点，本章从宏观层面、微观层面两个层面表征不确定性：宏观层面采用两个指标衡量，分别是经济政策不确定性指数和经济波动性变量，经济波动性采用各省（区、市）季度 GDP 进行六期滑动标准差，以其年度均值衡量。企业层面采用投资波动衡量企业经营环境不确定性，投资波动以企业年度投资方差并取对数衡量（投资十分依赖未来预期的信息，如果这些信息具有不确定性，那么，投资也将是不确定的）。

机制分析结果，见表 7 - 8，如表 7 - 8 的第（1）列结果显示，随着经济政策不确定性程度加深，企业融资约束程度加大，而在第（2）列的回归分析中，数字金融对经济政策不确定性的影响是负的，意味着数字金融发展水平的提高可以降低经济政策不确定性程度，因此，数字金融发展对于企业融资约束缓解是有益的。当本章采用经济波动数据代表宏观经济环境不确定性时，虽然经济增长波动对企业融资具有负面作用，但是，数字金融对经济增长波动带来的不确定性仍然具有平滑作用，数字金融对经济波动的影响为 - 0.059，第（3）列 ~ 第（4）列的结果符合预期。值得一提的是，从微观层面来说，企业投资决策主要依赖于未来预期的稳定，并且，企业投资信贷主要依赖于中国传统银行系统，当面临不确定性风险时，银行系统会产生惜贷行为，信息不对称等因素会增加企业借贷成本，进一步加剧企业融资约束，数字金融的主要优势在于降低信息不对称风险和道德风险，交易便利且成本较低，因此，会降低企业整体投资波动。第（5）列 ~ 第（6）列的结果表明，投资波动对企业融资约束的影响为正，企业投资波动会加剧企业融资约束程度，数字金融对企业投资波动影响为负，表明数字金融可以降低企业投资波动程度。本章从波动性角度探讨数字金融影响企业融资约束的渠道，整体来看，数字金融具有抑制波动性的特性。

表 7-8

机制分析结果

变量	(1)	(2)	(3)	(4)	(5)	(6)
	融资约束	经济政策不确定性	融资约束	经济波动	投资波动	融资约束
经济政策不确定性	0.016*** (0.003)					
数字金融		-0.287*** (0.004)		-0.059*** (0.004)	-0.144*** (0.048)	
经济波动			0.028*** (0.003)			
投资波动						0.006*** (0.001)
控制变量	是	是	是	是	是	是
观测值	15 269	15 269	15 269	15 269	15 261	15 261
R²	0.842	0.653	0.842	0.679	0.082	0.847
行业固定效应	是	是	是	是	是	是
时间固定效应	是	是	是	是	是	是

注：***、**、* 分别表示在 1%、5% 和 10% 的水平上显著。

资料来源：笔者根据本章样本数据运用 Stata 16.0 软件计算整理而得。

我们同样采用公司季度高频数据对机制分析基准结果进行稳健性分析，表7-9为高频数据机制分析结果。为直观起见，我们没有更改季度数据的变量形式，表7-9的最终结果和表7-8的估计结果保持一致，因此，本章研究从宏观层面和微观层面两个维度表征不确定性，采用两套数据指标，验证了数字金融通过影响企业面临不同维度的不确定性，最终影响融资约束程度。

（二）本章讨论

不同于既有文献从企业创新、企业异质性等角度探讨数字金融对企业融资约束的影响，本章主要以周期性视角、波动性视角探讨数字金融对企业融资约束的影响及其作用渠道，是对既有相关文献的补充，但上述分析的本质是数字金融的金融属性在企业领域的延伸，并未涉及数字金融最本质的特点，即普惠性。

第一，中国国有企业长期以来在国家政策的支持下，相较于民营企业更容易获得信贷授信，因此，数字金融应该对民营企业给予更多资金支持，更好地缓解其融资约束水平。

第二，从企业角度来看，金融摩擦机制主要表现为外部融资溢价机制和抵押约束机制，对于企业而言，影响外部融资数量和融资价格的主要指标最能反映企业面临的金融摩擦程度，本章选取企业规模表征企业金融摩擦程度。一般情况下，企业规模越大，拥有的资源和能力相较于规模小的企业越强，在面对不确定的市场环境下，规模小的企业对抗风险的能力偏弱，金融机构通常不愿意冒险对规模小的企业提供融资服务。

第三，如果数字金融更偏向于民营企业以及规模较小的企业，更偏向于处于弱势地位的群体，需要满足什么条件？这种普惠性是无条件的吗？本章以企业托宾Q为解释变量，托宾Q在企业投资领域往往代表投资机会，不同类型企业投资机会的好坏直接关乎其融资水平。

表 7 - 9　　高频数据机制分析结果

变量	(1)	(2)	(3)	(4)	(5)	(6)
	融资约束	经济政策不确定性	融资约束	经济波动	融资约束	投资波动
经济政策不确定性	0.000 *** (0.000)					
数字金融		−0.374 *** (3.215)		−0.469 *** (0.004)		−0.294 (0.370)
经济波动			0.010 *** (0.002)			
投资波动					0.001 *** (0.000)	
控制变量	是	是	是	是	是	是
观测值	56 308	56 308	56 308	56 308	56 194	56 194
R^2	0.827	0.608	0.828	0.711	0.833	0.091
行业固定效应	是	是	是	是	是	是
时间固定效应	是	是	是	是	是	是

注：***、**、* 分别表示在 1%、5% 和 10% 的水平上显著。

资料来源：笔者根据本章样本数据运用 Stata 16.0 软件计算整理而得。

　　表7-10展示了数字金融普惠性估计结果。第（1）列定义企业产权虚拟变量，如果该企业为国有企业，则该虚拟变量为1；反之，为0。第二行数字金融×产权虚拟变量为数字金融指数和企业产权虚拟变量的交互项，系数为0.023且在1%的水平上显著，当该虚拟变量取值为0时，数字金融系数为-0.022，该结果表明，数字金融发展对企业融资约束改善的效果更偏向于民营企业。第三行企业规模×数字金融为企业规模和数字金融的交互项，系数为0.028且在1%的水平上显著，数字金融系数为-0.617。该结果意味着，数字金融发展对中小微企业融资约束改善程度逐渐强于大规模企业，企业规模表征企业的金融摩擦程度，规模越大，金融摩擦程度越小，规模越小的企业面临的融资约束程度越大，因此，该结果代表数字金融发展对居于劣势地位的企业更有帮助。第四行托宾Q值×数字金融为投资机会和数字金融发展指数的交互项，系数为-0.007，意味着在数字金融发展指数不变的情况下，随着投资机会增大会强化对企业融资约束的改善作用，因此，该结论揭示了数字金融对企业融资约束程度改善的前提是企业拥有良好的投资机会。

　　接下来，本章采用非平衡面板门槛回归方法对第（2）列~第（3）列的结果进行稳健性分析。第（4）列以企业规模作为门槛值，最优门槛值检验表明，存在唯一门槛值，当企业规模小于门槛值时，数字金融发展对企业融资约束的影响系数为-0.006，而当企业规模大于门槛值时，则数字金融发展不能有效地改善企业融资约束程度，该结果和第四行企业规模×数字金融的含义基本一致。第（5）列的回归结果以企业托宾Q值作为门槛变量，门槛统计检验结果表明存在两个门槛值，即存在三个非线性影响区间，表明当托宾Q值较小时，数字金融对企业融资约束的影响不显著，而随着托宾Q值不断增加，数字金融对企业融资约束影响的平均边际效应水平逐渐提升，影响系数由-0.011变为-0.019，凸显了投资机会的重要性，也彰显了数字金融在企业投融资决策中的重要作用。

表7-10

数字金融普惠性估计结果

变量	(1)	(2)	(3)	(4)	(5)
			融资约束		
数字金融	-0.022*	-0.617***	0.010***		
	(0.013)	(0.022)	(0.004)		
数字金融指数×企业产权虚拟变量	0.023***				
	(0.002)				
企业规模×数字金融		0.028***			
		(0.001)			
托宾Q值×数字金融			-0.007***		
			(0.001)		
数字金融（门槛变量≤γ_0）				-0.006**	-0.001
				(0.003)	(0.003)
数字金融（门槛变量>γ_1）				0.027***	-0.011***
				(0.003)	(0.003)
数字金融（门槛变量>γ_2）					-0.019***
					(0.003)
单门槛检验F-统计值				2 421.42	1 029.43
单门槛检验P-值				0.000	0.010

续表

变量	(1)	(2)	(3)	(4)	(5)
			融资约束		
双门槛检验 F－统计值				53.15	677.41
双门槛检验 P－值				0.933	0.000
控制变量	是	是	是	是	是
观测值	15 269	15 269	15 269	15 269	15 269
R^2	0.852	0.909	0.848	0.874	0.845
行业固定效应	是	是	是	是	是
时间固定效应	是	是	是	是	是

注：***、**、* 分别表示在 1%、5% 和 10% 的水平上显著。

资料来源：笔者根据本章样本数据运用 Stata 16.0 软件计算整理而得。

第六节　结论与建议

经济高质量发展意味着经济结构转型，人民福祉提升，人与生态环境和谐共处。作为经济发展主体，企业创新势必关乎经济高质量发展的成败，大量既有文献对企业创新、投融资以及宏观经济增长方面的关联性进行了充分论证，但是，既有研究结论大多建立在假定企业不存在金融摩擦的完美环境下得出。数字金融作为近十余年出现的金融科技创新产物，发展日趋成熟，数字金融发展对企业投融资是否有影响，影响如何？目前，虽然既有相关文献对其进行论证，但仍然不够，主要在于选取角度较为单一，结论较为一致，即数字金融发展对缓解企业融资约束有积极正面的作用，但是，关于两者具体的作用机制渠道的相关文献不多，不同于既有文献基于企业个体禀赋出发，本书以数字金融的金融本质属性为出发点，探讨其普惠性和包容性，在此基础上，进一步论证数字金融对企业面临外部环境冲击时平稳发展的必要性。本书拓展了相关文献和结论，肯定了数字金融发展对企业保持长期可持续性发展的重要意义。

本章主要有六点研究结论：（1）数字金融发展能够缓解企业融资约束，该结果在多种规范稳健性分析下均是显著的；（2）数字金融发展对企业融资约束的影响主要在于，充分发挥其金融支持服务，在数字金融分指数回归中，数字金融程度指数对企业融资约束具有积极作用；（3）企业的不同发展阶段将面临不同程度的融资约束，本章研究表明，数字金融发展对融资约束的影响在企业成长期和企业成熟期均是积极的，但在企业衰退期影响不显著；（4）数字金融对企业融资约束的改善作用，在信贷扩张周期和信贷紧缩周期具有差异性，在信贷扩张周期，数字金融对企业融资约束的改善程度低于信贷紧缩周期；（5）本章从企业面临的宏观波动性冲击和微观波动性冲击入手，发现数字金融可以通过降低宏观波动性冲击和微观波动性冲击，缓解企业面临的融资约束；

（6）数字金融的普惠性和包容性主要体现在民营企业以及中小微企业上，值得一提的是，这种影响需要充分考虑企业拥有的投资机会，投资机会越大，数字金融对企业融资约束的正面积极影响就越大。

政策启示有三点：（1）从数字金融发展角度着手，数字金融发挥其普惠性的关键在于技术的充分运用，数字技术的使用小到个体使用的智能手机，大到数字货币和区块链等，因此，政府应该积极引导信息基础设施建设，引导企业升级数字化技术装备，结合数字化手段大力普及金融知识，提升金融服务的针对性和目的性，更好地促进实体企业发展；（2）宏观经济周期和企业周期的精准识别将有助于发挥数字金融优势，这将要求宏观决策部门和企业充分掌握经济和企业的发展态势，制定不同的行业结构调整战略和企业发展战略，尤其要关注企业下行阶段以及衰退阶段的财务结构与项目匹配度，寻找行业最好的投资机会；（3）企业融资约束问题会长期存在，除了继续推进数字金融发展之外，也应密切关注金融科技的风险监管，但要做到适度监管，同时，本章结论再次论证了宽松的货币政策对企业融资约束的影响。因此，可以改善融资约束的手段，比如，通过积极的货币政策甚至财政政策来弥补可能存在的市场失灵。

第五部分
数字金融赋能经济高质量发展的宏观效应评估

数字金融发展对经济高质量发展的影响：基于不确定性视角分析

第一节　概　　述

金融发展对经济增长的影响是非对称的，即金融发展具有促进经济增长的作用（King and Levine，1993a，1993b；Levine，Loayza and Beck，2000），但金融深化也可能对金融发展具有消极的影响。相关文献发现，金融相关指标，比如，货币发行量指标、信贷指标等可以作为金融危机的先导指标（Demirguc-Kunt and Degatriache，2000；Gourinchas，Landerretche and Valdes，2001；Kaminsky and Reinhart，1999）。事实上，这些现象反映了传统经济增长框架下值得关注的两点：一是金融资源分配功能失衡；二是经济增长的不可持续性。金融资源分配功能失衡和金融发展的完善性相关联，经济增长的不可持续性受到多维、多方面影响，主要表现在金融排斥、收入分配恶化、环境污染、经济金融化、企业融资歧视等方面。为了解决这些问题，实现经济高质量发展，除了提升金融系统完善性外，金融业改革逐渐提上日程。2005 年，联合国在"国际小额信贷年"中首次提出了普惠金融（inclusive finance）的概念，呼吁在全球范围内建立普惠金融体系，同时，金融业也在数字技术推动下不断更新外延和内涵。世界金融体系在科技进步推动下，主要经历了三个时期，分别是以 20 世纪 60 年代的自动取款机（ATM）为代表的电子化时期、互联网网上银行模式时期以及以智能大数据投资顾问和风险控制为代表的数字化时期，后者孕育了数字金融新型业态，基于信用的传统金融框架逐渐被以数据为核心的数字金融所替代。

数字金融依靠信息技术、大数据、区块链等技术，给个体和企业带来的体验感要强于传统金融机构，主要体现在金融服务范围进一步扩大，打破了原有金融服务必须具有物理营业网点的要求，移动互联网技术的运用使得金融服务的触达能力大幅提升，降低了金融服务约束力，便利了支付方式，基于大数据的信用方式降低了信贷门槛，并允许量身定制为弱势群体服务的规则，增加了弱势群体的机会和复原力，有助于提高就业水平与收入水平。正因如此，数字金融天生具有金融普惠包容的特性（黄益平等，2018）。李建军等（2020）构建多维普惠金融指数，检验普惠金融发展对经济增长的影响，结果表明，以数字金融指标为核心的金融广泛性指数对经济增长的影响最大。

数字金融作为数字经济最重要的组成部分，其普惠本质给居民消费、投资、创新都带来了极大便利。当前，很多学者从消费（张勋等，2020）、创业（谢绚丽等，2018；Yin et al.，2019）、创新（林木西等，2022；刘伟等，2022）等领域，对数字金融与实体经济的关系进行了研究。中国正处于新常态化发展阶段，需要调整依靠"三驾马车"推动经济增长的旧模式，进行结构性改革。当前，中国提出的经济高质量发展概念，就要求不仅应保持经济发展的稳定，也要关注生活环境。在国内大循环背景下，经济稳定需要消费稳定和投资稳定，生活环境提升需要更加关注环境保护，比如，绿色出行、绿色能源、绿色金融等。目前，既有中文文献对数字金融与经济高质量发展的关系进行了研究，比如，数字金融可以通过促进农村人力资本发展（马黄龙等，2021）、激励中小企业研发创新（蒋长流等，2020）、缓解企业融资约束（滕磊等，2020）、推动产业结构转型升级（王敏等，2021）、促进财政支出力度（张珍花等，2022）等渠道，对经济高质量发展产生积极、正面的作用，也有文献指出，数字金融对经济高质量发展的影响存在非对称效应（贺健等，2020）。

　　虽然既有文献结论较为一致，均认为数字金融对经济高质量发展的影响是正面、积极的，但仍然缺乏相应的理论体系。理论的不足可能夸大或者缩小数字金融对经济高质量发展的影响，比如，既有研究大多以对数字金融的经济溢出效应分析为主，突出数字金融对弱势群体的包容效应，并未涉及不确定性因素，虽然既有研究从数字金融对居民预防储蓄的关系上寻找证据，但是，并未发现两者的关联性（易行健等，2018）。因此，本章在借鉴既有研究成果的基础上，从消费波动视角和信贷波动视角分析数字金融与经济高质量发展的相互作用机制。虽然既有文献研究认为，数字金融能够推动经济高质量发展，但是，如何推动，通过什么路径推动，两者的耦合关系如何等问题仍需进一步探究。

　　数字金融虽然是金融在数字化背景下与科技的深度融合，但其本质并未改变，仍然是有效、合理地配置资源，服务实体经济，因此，数字金融除了通过经典的创业、消费、创新、结构升级途径影响经济高质量发展外，还具有哪些可以提升经济发展质量的特性？哪个维度对经济高质量发展影响更大？这些方面的机制和逻辑关系值得深入探究，只有厘清这些问题，才能真正为实现经济高质量发展提供普惠金融支持。

　　本章可能的贡献在于三点：（1）从消费波动视角、信贷波动视角研究数字金融与经济高质量发展的关系，关于数字金融与波动性的研究文献非常少，这有助于拓展数字金融研究前沿；（2）当前对经济高质量发展内涵的讨论各有不同，在指标测度和变量选取上相关文献各有得失，因此，建立广为接受的评价体系仍然任重道远；（3）本章将对省级层面变量进行差异性分析，有助于政策制定者精准施策，助力经济高质量发展。

第二节　文献回顾与机制分析

　　本章分别从经济高质量发展和数字金融两个方面梳理相关文献。

（一）经济高质量发展相关文献

党的十九大提出经济高质量发展内涵之后，很多中文文献围绕经济高质量发展的属性展开了讨论。高培勇（2019）认为，经济高质量发展应该包含创新、协调、绿色、开放和共享的发展理念。该理念符合中国时代特征。何立峰（2018）进一步细化经济高质量发展的目标，认为经济高质量发展要从创新引领协同发展的产业体系，统一开放竞争有序的市场体系，体现效率促进公平的收入分配体系，彰显优势协调联动的城乡区域发展体系，资源节约绿色友好的绿色发展体系等诸多安全高效多元化的方面统一推进。

事实上，经济高质量发展的内涵是多元化的，相应的指标体系也是多元化的。黄永明等（2019）考虑到经济高质量发展的指标体系尚未健全，使用人均 GDP 衡量经济高质量发展，但略显粗糙，且不能完全反映经济高质量发展的内涵。何兴邦（2018）从经济增长效率、产业结构升级、经济发展稳定性、绿色发展水平、福利改善和收入分配公平六个方面进行主成分分析，构建中国经济高质量发展指标体系。李梦欣和任保平（2018）利用层次分析法从创新、绿色、协调、开放和共享五个维度共 42 个二级基础指标，对 2000～2017 年中国经济高质量发展水平进行了测算，结果表明，中国经济高质量发展水平远低于 GDP 增长速度。

尽管既有研究从不同角度定义了经济高质量发展的内涵，但总体而言，经济高质量发展是一个多维、多元化的概念，相较于纯粹的经济增长概念具有更广阔的空间和更丰富的内容。在具体指标构建方面，相关文献各有所长，因此，建立中国经济高质量发展指标体系任重道远。

（二）数字金融相关

在国际上对数字金融概念并没有统一的定义，数字金融一般是指传统金融服务和互联网、大数据、人工智能、云计算和区块链等技术相融合，并服务于实体经济的一系列金融创新概念。中国传统金融基础设施相对薄弱，物理网点覆盖率偏低，尤其是在中西部偏远地区，从金融广度、金融深度上制约了中国经济高质量发展。以互联网为依托的数字金融则充分利用技术优势拓展了金融服务范围，加深了金融服务内涵，降低了金融服务成本。从微观层面看，传统企业受到资本存量和融资成本的影响，其平均生产成本呈现出先降后升的特点，这决定了在传统金融体系下，企业规模无法无限扩大（斐长洪等，2018）。企业成本中的高固定成本，主要来源于基础设施建设、科研投入以及对消费者的补贴，在数字经济时代，企业的低边际成本成为可能，企业规模的扩大会不断均摊固定成本，降低平均成本，数字经济带来的企业产品数量不断增长、销售延展性不断扩大，不仅使得企业容易实现规模经济，而且使得消费者依靠互联网形成规模经济，使双方产生良性正向互动反馈机制。

传统金融理论从融资约束角度建立了企业与金融的相互关系。数字金融利用实体经济的诸多信息，例如，物流、资金流和客户群中有价值的信息，将其运用到企业融资环节，对于企业改善融资约束、降低信息不对称、减少融资成本，最终实现经济结构优化具有重要的意义（Sarma et al.，2011）。张丽（2012）的研究表明，数字金融可以为中小企业获得信贷资金提供新的办法和渠道，数字技术的运用将增强资金供求双方的信任度、匹配度与资金使用效率，这将解决不同类型企业的融资需求。李杨等（2018）指出，数字金融可以为企业提供多元化的融资渠道，缓解企业融资约束，提高储蓄投资转换效率，同时，互联网大数据等金融科技的运用，可以让非银行中介机构发挥影子银行作用，提升企业在价值链中的地位。邢乐成等（2013）指出，数字金融的发展将从根本上解决现行融资体系与中小企业融资结构不匹配的问题。洪卫等（2020）的研究表明，数字化技术的运用可以降低银企之间信息不对称并提升违约惩罚成本，传统银行机构的数字化转型可以在提高风险管理意识的同时缓解中小企业融资约束，助力中小企业快速发展。数字金融的广泛运用能够进一步降低信息不对称和道德风险，缓解企业融资约束（宫晓林，2013），数字金融对实体经济融资问题的破解则是伯南克（Bernanke，1999）金融加速器原理关于融资约束更深层次的讨论与实践。

有中文文献从创新、收入分配、消费等领域，探讨数字金融的经济效应。例如，黄益平等（2019）指出，数字金融在支持创新、拓展金融普惠性、实现社会公平方面具有不可替代的作用。数字金融在缩小城乡贫富差距、区域贫富差距方面具有较强的实践效果（宋晓玲，2017），同时，在实现包容性增长、提升家庭消费水平、促进创新和推动绿色发展方面都有相应的作用机制（张勋等，2019；万佳彧等，2020；张晨等，2018）。事实上，数字金融促进实体经济发展的功能包含了经济高质量发展的多维属性特征，下面，我们将进一步研究二者的关联性。

（三）机制分析

基于前文分析，数字金融对实体经济具有相应的经济效应，在一定程度上可以提升数字金融服务实体经济的效率，同时，有助于提高民众福利水平，为推动经济高质量可持续发展提供坚实基础。何宏庆（2019）指出，数字金融扩大了金融服务范围，降低了传统金融融资门槛，减少了信息不对称型风险和道德风险，并且，运用数字技术可以精准识别个体异质性，从而提供更高效的金融服务，这种普惠特性与精准特性促使金融服务兼具效率与公平，有益于实现经济高质量发展。

总体来看，数字金融是金融发展理论在数字技术应用背景下的深化，但金融服务实体经济的本质功能没有改变，数字金融的金融属性决定了其功能仍然为金融资源的优化配置，并运用数字技术进一步扩大普惠金融覆盖范围、覆盖深度。数字金融作为数字经济时代金融领域一系列变革的成果之一，能否实现对发达国家的"弯道超车"，关键是看数字金融对中国经济高质量发展的影响是否具有多维性、普惠性与可持续性。

多维性主要是指，数字金融对经济高质量发展的影响是多方面的，和经济高质量发展的多维属性相得益彰。本书第七章研究结论表明，对于微观家庭主体，数字金融通过提升交易便利性，降低交易成本，提升家庭流动性以及提升金融素养等显著提升了家庭居民消费水平；第八章的理论分析表明，数字金融对企业产生影响的根源在于，改善了金融市场对中小微企业的金融排斥，有效地缓解了企业融资约束，这对企业创新和产业结构转型无疑有很大帮助。

普惠性主要彰显了数字金融对经济主体尤其是处于劣势地位的经济主体的积极影响。首先，前面章节研究结论表明，面对中国城乡二元经济结构，数字金融可以从人力资本、物质资本，以及初始禀赋等多种渠道显著提升农村地区家庭的消费水平，能够显著缩小城市家庭和农村家庭的消费差距；其次，数字金融对中国中小微民营企业融资约束的改善程度较好，同时，对金融摩擦较大的企业（规模相对较小的企业）更有帮助。

可持续性主要是指，数字金融对经济增长波动具有抑制性。经济高质量发展虽然不再强调经济增长速度，转而注重"质"的提高，但是，"质"不仅是指环境改善，产业结构调整，商品更新换代，人民幸福水平提升，更重要的是保持经济增长的稳定性。本书第七章和第八章从微观角度和中观角度论证了数字金融对消费波动、投资波动、经济增长波动，以及政策不确定性均具有积极的回归效果。

在宏观层面，数字金融对经济高质量发展的影响，也应体现出其普惠性与可持续性，本书期望数字金融对经济高质量发展的影响是积极的，并可以通过抑制宏观波动性保持经济增长稳定性。本章内容是第六章内容和第七章内容在宏观层面的作用体现。

第三节　研究设计

（一）研究样本

本章以经济高质量发展指数涵盖的变量时间跨度作为样本研究区间，相关指标最大跨度到 2019 年，数字金融发展指数起始年为 2011 年，因此，本章最终选取 2011～2019 年中国省际面板数据为研究样本，数据主要来源于各省（区、市）的统计年鉴和万得（WIND）数据库，剔除数据缺失的相关省（区、市）样本，最终保留中国的 29 个省（区、市）的数据。

（二）变量选择和变量定义

1. 核心解释变量

数字金融发展指数（DGF）与前面两章保持一致，选取由北京大学数字金融研究所、上海金融研究所和蚂蚁金服金融服务公司组成的团队，基于数字金融大数据编制的数字金融发展指数衡量，该指数的具体内容不再赘述。本章将数字金融发展指标与省际年度数据相匹配。

本章以消费波动性（Consume_v）和信贷波动性（Credit_v）表示省际宏观波动性。本章采用 HP 滤波方法，将趋势项分离，并保留波动项，为充分衡量波动性水平，本章最终以波动项绝对值表示消费波动水平与信贷波动水平。其中，消费波动水平以各样本省（区、市）平均消费为代表，信贷波动水平以各省（区、市）年末金融机构存贷款余额表示。本书第六章以家庭消费波动表示波动性或不确定性，第七章主要探讨企业融资约束与数字金融的相关作用机制，本章以省际层面消费变量和金融发展状况验证数字金融在宏观层面对经济高质量发展的影响。

2. 核心被解释变量

高质量发展指标（High_G）作为核心被解释变量，本书采用考虑非期望产出的 Super SBM 模型衡量经济高质量发展水平，具体方法和相应指标在本书第四章给出，本书主要采用两种衡量方式计算经济高质量发展指标：（1）基于 Super SBM 模型下参比时间 t 的前沿效率值，也是本章除稳健回归外采用的变量；（2）基于 Super SBM 模型下参比全局前沿得出的效率值，也是本章在稳健回归中替换基准回归被解释变量使用的经济高质量发展指数。

3. 控制变量

借鉴钱海章等（2020）和滕磊等（2020）关于数字经济和经济高质量发展研究相关控制变量设定，本章选取省级层面的控制变量：商业银行违约率（Default），本章采用中国的 30 个省（区、市）的商业银行机构违约率均值作为代理变量；各省（区、市）固定资产投资（FIX_ ratio），本章采用各省（区、市）经价格调整过的固定资产投资占比作为代理变量，原因在于固定资产投资水平的提高可以增强地区对资本的吸引能力，从而促进经济高质量发展；各省（区、市）引用外资（FDI）和外贸依存度（OPEN），本章采用各省（区、市）年度外资引用规模的对数形式来表示，外贸依存度采用各省（区、市）进出口总额占本省（区、市）GDP 的比重表示；经济结构指标（Eco_ Structure）以各省（区、市）第三产业增加值/第二产业增加值来表征，该比值的增加往往代表了经济结构变革，有助于就业与创新；教育程度指标（Education），本章采用各省（区、市）高中以上人口占劳动力总数的比值来表示，原因在于教育水平高对促进创新、环保和沟通都有积极的正面作用；创新指标（R&D）以各省（区、市）R&D 投入规模表示，本章以对数形式来表征；就业状况指标（Unemployment）采用各省（区、市）平均失业率表征；政府干预指标（Government_ inter）以省级政府财政支出占 GDP 的比重表示；为了控制区域发展差异性，以人均 GDP（Per_ gdp）表示。

同时，本章以人均道路面积（ROAD），每百人持有电话数量（Phone_ number），人均公园绿地面积（PARK）来表征区域基础设施软硬件建设水平。我们使用的变量是省级层面的，因此，使用区域聚类的异方差稳健标准误差进行统计推断。描述性统计，见表 8 - 1。

表 8 - 1　　　　　　　　　　　　描述性统计

变量	观测值	均值	标准差	最小值	最大值
High_ G	270	0.504	0.313	0.066	1.242
DGF	270	2.034	0.916	0.183	4.103
Default	270	1.598	0.920	0.350	7.090
FDI	270	26.860	1.379	23.610	30.230
OPEN	270	0.271	0.306	0.013	1.548
Eco_ structure	270	16.800	41.140	1.621	278.300
EDU	270	13.450	0.799	10.730	14.660
PARK	270	12.950	2.765	7.010	21.050
Phone number	270	17.560	7.515	5.920	43.780
Pgdp	270	107.500	4.343	96.820	119.900
Unemployment	270	3.252	0.645	1.200	4.500
R&D	270	23.490	1.344	20.170	26.170
Government_ inter	270	2.490	1.025	1.101	6.284
ROAD	270	38.150	23.72	5.129	142.000
FIX	270	8.011	2.516	2.047	14.690
Consume_ v	270	0.015	0.013	0.001	0.068
Credit_ v	270	0.031	0.026	0.001	0.145

资料来源：笔者根据样本选取的数据运用 Excel 软件计算整理而得。

（三）模型设定

为检验数字金融对经济高质量发展的影响，设置如下计量模型检验：

$$HIGH\_ G_{it} = c_1 + c_2 DGF_{it} + \sum_{i=1}^{n} \beta_i \chi_{it} + \delta_i + \varphi_i + \varepsilon_{it} \qquad (8-1)$$

在式（8-1）中，$HIGH\_ G_{it}$表示经济发展水平，i 表示某省（区、市），t 表示年份，DGF_{it}表示核心解释变量数字金融指数，χ_{it}表示前文所述控制变量，δ_i表示个体固定效应，φ_i表示时间固定效应，ε_{it}表示白噪声误差项。

要识别数字金融对经济高质量发展的影响，需要处理两类问题：（1）反向因果关系，数字金融促进经济高质量发展，经济高质量发展又会反过来促进数字金融基础设施的建立，提升数字金融普及水平，即存在反向因果关系；（2）本章从多个角度设置了相应的控制变量，但影响经济高质量发展的因素很多，难免出现变量遗漏，导致结果出现偏误。

本章采用三种方法进行处理：（1）采用替换核心解释变量的方法，确保结果稳健性并进一步减弱反向因果关系；（2）采用面板系统 GMM 估计和面板差分 GMM 估计解决因变量遗漏问题导致的内生性，具体工具变量设置在后文会详细给出；（3）采用双重差分 DID 模型进行稳健性检验，具体设置如下：

$$\text{HIGH\_ G}_{it} = c_3 + c_4 \gamma_i \times \sigma_t + \sum_{i=1}^{n} \beta_i \chi_{it} + \delta_i + \varphi_i + \varepsilon_{it} \qquad (8-2)$$

中国于 2016 年发布了《G20 数字普惠金融高级原则》，政策的实施往往会对经济体产生外生冲击，中国区域发展的不平衡性使得面对政策冲击时，东部地区和中西部地区的反应存在差异，为本章设置控制组和实验组提供了条件，在式（8-2）中，γ_i表示区域虚拟变量（中部地区和西部地区为 1；反之，为 0），σ_t表示时间虚拟变量，2016 年《G20 数字普惠金融高级原则》出台之前设置为 0，2016 年之后为 1，其他相关设置与基准回归保持一致，我们期望γ_i和σ_t的交互项系数c_4显著。同时，本章采取如下计量模型进行机制分析：

$$\text{Volatility}_{it} = c_5 + c_6 \text{DGF}_{it} + \sum_{i=1}^{n} \beta_i \chi_{it} + \delta_i + \varphi_i + \varepsilon_{it} \qquad (8-3)$$

$$\text{HIGH\_ G}_{it} = c_7 + c_8 \text{Volatility}_{it} + \sum_{i=1}^{n} \beta_i \chi_{it} + \delta_i + \varphi_i + \varepsilon_{it} \qquad (8-4)$$

式（8-3）验证了数字金融对宏观波动的影响，我们期望c_6的系数为负，即数字金融发展有助于抑制宏观波动；式（8-4）按照前文逻辑分析，宏观波动对经济高质量发展的影响应该是负面的，因此，c_8系数应该为负。因此，式（8-3）和式（8-4）将验证数字金融发展是否可以通过抑制宏观波动进而助力经济高质量发展。

第四节　实证结果分析

（一）基准回归结果

在基准分析中，我们采用不同方法估算数字金融对经济高质量发展的影响。首先，本章在不考虑内生性问题的前提下，尽可能增加控制变量并运用面板混合回归、可行广义最小二乘法（FGLS）、面板固定效应模型以及面板德里斯科尔－克雷标准误（Driscoll-Kraay standard errors）回归方法检验数字金融对经济高质量发展的影响，基准回归结果，见表8-2。依次从表8-2的第（1）列～第（5）列整体来看，数字金融发展能够促进经济高质量发展，这说明各省（区、市）应该充分发挥数字金融优势，加强建设数字金融配套软硬件设施，助力地区经济增长的高质量发展。具体来看，第（1）列回归结果为，不添加任何控制变量的面板混合回归结果，数字金融系数在1%的统计水平上显著为正，第（2）列回归结果为添加全部控制变量后的面板混合回归结果，并在第（1）列基础上控制时间效应，尽管数字金融系数值下降了约35%，但仍然在1%的统计水平上显著为正。第（3）列回归结果为面板固定效应模型，并在第（2）列的基础上进一步控制个体效应，数字金融系数值为0.148，在1%的统计水平上显著为正，且豪斯曼检验表明，面板固定效应模型比混合回归更加稳健。进一步地，虽然面板固定效应模型能够减轻异方差问题和自相关问题，但我们仍然采用面板可行广义最小二乘法（FGLS）和面板德里斯科尔－克雷标准误回归方法来与面板固定效应回归结果做对比，结果表明，数字金融系数值和第（3）列的回归结果基本一致。

表 8 - 2　基准回归结果

变量	(1)	(2)	(3) 高质量	(4)	(5)
数字金融	0.702 ***	0.461 ***	0.148 ***	0.149 ***	0.163 **
	(0.054)	(0.165)	(0.049)	(0.029)	(0.088)
商业银行违约率		0.003	-0.065 ***	-0.089 ***	-0.044 ***
		(0.020)	(0.019)	(0.019)	(0.009)
外资引用		0.053 *	-0.128 ***	-0.140 ***	-0.047 **
		(0.030)	(0.046)	(0.046)	(0.022)
外贸依存度		-0.074	0.442 **	1.037 ***	0.425 ***
		(0.112)	(0.201)	(0.206)	(0.124)
经济结构		0.001	0.003 ***	0.007 ***	0.002 ***
		(0.001)	(0.001)	(0.002)	(0.000)
教育水平		0.347 ***	0.561 ***	0.530 ***	0.845 ***
		(0.059)	(0.220)	(0.180)	(0.118)
公园绿地		0.017 ***	0.059 ***	0.047 ***	0.047 ***
		(0.005)	(0.013)	(0.008)	(0.006)
每百人电话数		0.004	0.021 ***	0.014 ***	0.013 ***
		(0.004)	(0.006)	(0.004)	(0.001)

续表

变量	(1)	(2)	(3) 高质量量	(4)	(5)
人均地区生产总值		0.382* (0.177)	-0.161 (0.208)	-0.083 (0.175)	-0.328** (0.134)
人均地区生产总值的平方		-0.002* (0.001)	0.000 (0.001)	-0.000 (0.001)	0.001* (0.001)
失业率		0.013 (0.026)	0.013 (0.043)	0.071 (0.037)	-0.018 (0.024)
研发支出		-0.188*** (0.037)	0.057 (0.073)	0.164*** (0.044)	0.027 (0.044)
政府干预		0.174*** (0.048)	0.061 (0.060)	0.029 (0.044)	0.166** (0.061)
人均道路面积		-0.002* (0.001)	0.001 (0.005)	0.005 (0.003)	0.003 (0.002)
观测值	270	270	270	270	270
R^2	0.532	0.643	0.567	0.825	
个体固定效应	否	否	是	是	是
时间固定效应	否	是	是	否	是

注：***、**、* 分别表示在 1%、5% 和 10% 的水平上显著。

资料来源：笔者根据本章样本数据运用 Stata 16.0 软件计算整理而得。

在控制变量方面，我们主要观察表 8 - 2 中的第（3）列～第（5）列的结果，各变量系数值大小有差别，显著性基本一致。我们发现，商业银行违约率变量在不同估计方法下结果保持一致，均负向影响经济高质量发展，商业银行违约率攀升直接影响金融系统稳定，在加强宏观杠杆调控的同时，使得商业银行向实体经济借贷资金更加谨慎，叠加信息不对称和道德风险等传统不利因素会对实体经济发展产生负向冲击。除此之外，外资引用、外贸依存度、经济结构、教育水平、公园绿地以及每百人拥有电话数的估计结果符合预期。这说明，对外贸易提升是中国改革开放的进一步深化，有利于中国经济结构转型，主要体现在满足人民不同消费需求的同时，带动就业岗位增加，以及对非出口部门带来知识溢出效应，促使人力资本技能转变并进行技术革新，有利于中国产业结构转型升级，因此，经济结构转型指标正向影响经济高质量发展。

另外，教育水平的提升可以为经济发展提供劳动力，也是经济发展中"干中学"必要的人力资本基础，教育水平也是数字金融发展不可缺少的重要因素，研究表明，数字素养，比如，互联网和手机的使用能够有效地提升数字金融的发展水平，可以减缓贫困产生，影响经济高质量发展。总体来说，在控制了经济结构、银行体系稳健度、人力资本、人居环境、省域基础设施建设水平、政府干预行为、人均收入要素和研发投入后，数字金融对经济高质量发展的影响是正面的、积极的。

（二）稳健分析

尽管我们采用多种方式验证数字金融与经济高质量发展的关系，但一般来说，数字金融与经济高质量发展的关系可能是双向的，尤其对于经济发达的省（区、市）会更加重视金融科技的运用，促进数字金融水平提升。本章虽然从多个维度对回归结果进行控制，但仍然可能遗漏变量，因此，内生性问题不可避免。本章主要采用四种方式对基准结果进行稳健性检验：（1）采取划分样本的方式对基准结果进行检验，主要方式为以数字金融水平的每 25% 分位数值为基准，将原始样本划分为四个区间，同时，作为对比，以数字金融水平平均值为界线，大于平均值为数字金融发展高水平区间，小于平均值为数字金融发展低水平区间，我们将验证不同程度的数字金融发展水平对经济高质量发展影响的差异性；（2）更换核心变量，具体方式为替换经济高质量发展水平指数以及更换控制变量重新对基准结果进行回归分析；（3）采用工具变量方式纠正内生性，互联网的使用是数字金融发展的基础，并且，邮局是开设固定电话的执行部门，与提供网络密不可分，因此，本章采用各省（区、市）互联网普及率和各省（区、市）人均邮电业务量作为数字金融的工具变量；（4）因为包含解释变量滞后项，可以在一定程度上缓解内生性问题，所以，本章采用动态面板差分 GMM 估计和面板系统 GMM 估计进一步纠正内生性问题。

分样本回归结果，如表 8 - 3 所示，结果显示，当数字金融位于中位数以下时，数字金融对经济高质量发展的促进作用并不显著，当数字金融位于 25% 分位数值以下时，对经济高质量发展的影响甚至为负。当数字金融位于中位数至 75% 分位数值时，数字金融系数值为 0.619 并在 1% 的统计水平上显著，并与 75% 分位数值以上样本结果保持一致。作为对比，面板 E 和面板 F 以数字金融均值划分样本，结果与分位数值划分样本结果基本一致，即当数字金融大于均值时，数字金融才会对经济高质量发展具有显著的正向促进作用。该结果充分表明，数字金融对经济高质量发展的影响应该是存在门槛效应的，当数字金融发展水平较低时，无法充分发挥其规模优势和成本优势。回顾中国数字金融发展历程，先后经历了互联网金融乱象，游离于金融监管之外，大量互联网庞氏骗局出现，一度对中国金融系统的安全造成威胁，对经济高质量发展产生负面效应。分样本回归主要考察了数字金融对经济高质量发展的影响，是否会因数字金融发展阶段的不同而产生异质性效应，是对基准回归结果的补充，然而，因果推断中涉及的内生性问题仍然没有解决。

替换变量回归与工具变量回归，见表 8 - 4。表 8 - 4 的第（1）列替换核心被解释变量，在第（2）列中，更换控制变量并加入更多控制变量以减轻遗漏变量带来的偏差问题，结果表明，数字金融系数对经济高质量发展的影响仍然为正。在第（3）列中，使用互联网普及率和各省（区、市）人均邮电业务量作为数字金融工具变量进行面板2 - step GMM 回归，且工具变量通过了相关检验。这表明，采用互联网普及率和人均邮电业务量作为工具变量，已经有效地控制了潜在的内生性问题，数字金融系数仍然在1%的水平上显著为正。

本章进一步采用动态面板模型进行估计，动态面板估计一般采用面板差分 GMM 估计和面板系统 GMM 估计，且包含被解释变量的滞后项，能在一定程度上缓解内生性问题。面板差分 GMM 估计可通过对原模型作一阶差分消除个体效应，再用一阶差分后的滞后一阶被解释变量找到有效工具变量进行 GMM 估计，使用条件是扰动项不存在自相关。面板系统 GMM 将差分方程和水平方程放在一个系统内进行 GMM 估计，相较于面板差分 GMM 估计，该方法可以提高估计效率，使用前提是扰动项不存在自相关且选用的工具变量与个体效应不相关。第（4）列~第（5）列依次为面板差分 GMM 估计结果和面板系统 GMM 估计结果，相较于基准回归中数字金融系数 0.163，以及静态面板 2 - step GMM 回归结果和差分 GMM 估计结果，系统 GMM 估计系数为 0.160，并未出现太大波动，略微向下纠正了系数值，这表明系统 GMM 的估计是稳健的。第（6）列结果是对式（8 - 2）的估计，结果表明，地区虚拟变量与时间虚拟变量交互项的系数为 0.094 且在1%的统计水平上显著。该结果表明，实施《G20 数字普惠金融高级原则》之后，数字金融对中国中西部地区经济高质量发展的影响明显提高。

（三）进一步分析

我们在前面从整体上讨论了数字金融对经济高质量发展的影响，并未考虑中国各区域发展的不平衡性对两者关系可能造成的差异性，同时，

表 8 - 3　　分样本回归结果

变量	面板 A	面板 B	面板 C	面板 D	面板 E	面板 F
			高质量			
	≤25%	(25% 50%]	(50% 75%]	>75%	≥均值	<均值
数字金融	-0.062	0.146	0.619***	0.509***	0.343**	-0.012
	(0.108)	(0.208)	(0.197)	(0.153)	(0.137)	(0.117)
商业银行违约率	0.039	0.011	-0.055***	-0.171***	-0.068**	-0.018
	(0.058)	(0.082)	(0.018)	(0.051)	(0.028)	(0.065)
控制变量	是	是	是	是	是	是
观测值	67	68	67	68	152	118
R^2	0.633	0.656	0.792	0.793	0.583	0.152
个体固定效应	是	是	是	是	是	是
时间固定效应	是	是	是	是	是	是

注：***、**、* 分别表示在 1%、5% 和 10% 的水平上显著。其中，数字金融 25% 分位数值为 144.24，50% 分位数值为 214.46，75% 分位数值为 275.64，数字金融均值为 203.36。

资料来源：笔者根据本章样本数据运用 Stata 16.0 软件计算整理而得。

表 8-4　　替换变量回归回归与工具变量回归

变量	(1) 高质量	(2) 高质量	(3) 高质量	(4) 高质量	(5) 高质量	(6) 差分结果
地区虚拟×时间虚拟						0.094 *** (0.019)
数字金融	0.151 *** (0.044)	0.119 *** (0.072)	0.235 *** (0.083)	0.468 *** (0.056)	0.160 *** (0.052)	
商业银行违约率	-0.045 ** (0.017)	-0.075 *** (0.022)	-0.077 *** (0.020)	-0.080 *** (0.013)	-0.049 * (0.028)	-0.044 *** (0.008)
R^2	0.508	0.521	0.559			0.636
Anderson canon. corr. LM 统计值			98.255			
Cragg-Donald Wald F 统计值			77.290			
弱根检验			0.533	0.363	0.896	
AR (1)				0.067	0.078	
AR (2)				0.684	0.791	
观测值	270	270	270	210	270	270
个体固定效应	是	是	是	是	是	是
时间固定效应	是	是	是	是	是	是

续表

变量	(1)	(2)	(3)	(4)	(5)	(6)
	高质量	高质量	高质量	高质量	高质量	差分结果
控制变量	是	是	是	是	是	是

注：***，**，*分别表示在1%，5%和10%的水平上显著。第（3）列采用面板2－Step GMM估计方法进行估计，工具变量识别检验（Anderson canon. corr. LM）统计值为98.255在1%的显著性水平上拒绝原假设，即工具变量是可以识别的，弱工具变量检验（Cragg-Donald Wald F）统计值为77.290，拒绝弱工具变量的原假设，萨根检验的P值是0.533，接受工具变量外生性原假设。第（4）列～第（5）列依次为差分GMM估计和系统GMM估计，AR（2）的P值依次为0.684和0.791，表明不存在二阶自相关。

资料来源：笔者根据本章样本数据运用Stata 16.0软件计算整理而得。

数字金融指数主要由三部分组成，数字金融覆盖广度、数字金融使用深度和数字金融支持程度。中国经济发展地域的不均衡性，为数字金融发展提供的基础要素也是不同的，因此，我们将在本小节中对数字金融对于经济高质量发展的区域效应和结构效应一起进行剖析探讨。分区域回归与分指数回归，见表8-5。

为考察区域影响因素，本章将中国的30个省（区、市）按照传统经济带划分为三大区域（东部地区、中部地区和西部地区），并进一步分组回归。表8-5的第（1）列~第（3）列依次为东部地区、中部地区和西部地区分样本面板数据回归的结果，结果表明，中国东部地区和中部地区的数字金融发展能够显著地提升经济高质量发展水平，但是，西部地区数字金融对经济高质量发展的正向促进作用统计上并不显著。这表明，数字金融对中国经济高质量发展的推动作用存在区域差异。本章认为，原因主要在于：（1）中国西部地区的初始资源禀赋相较于中部地区尤其是东部地区落后，改革开放以来，中国形成了东部经济发达地区，中部经济欠发达地区以及西部大开发地区的地域格局，西部地区金融发展以及基础设施相对落后；（2）当前，中国数字金融的发源地主要位于东部沿海地区，西部地区深居内陆，在吸引新型金融业态及适应能力上偏弱，因此，数字金融对于西部地区经济高质量发展的驱动效应不显著。

表8-5的第（4）列~第（6）列为数字金融各维度指数对经济高质量发展的影响，结果表明，数字金融程度指数和数字金融广度指数对经济高质量发展有显著的促进作用，而数字金融深度指数系数不显著。数字金融程度指数主要是指，数字金融支持服务的程度，主要聚焦金融服务便利性和低成本，相比传统金融服务，便利性和低成本是数字金融的特色优势，也彰显其普惠性的特点。因此，金融科技，比如，大数据、云计算以及区块链技术的运用可以进一步推动金融基础设施的信息化，提升市场主体交易效率，促进经济高质量发展。数字金融广度指数，主要反映数字金融服务的供给能力，例如，数字金融服务的辐射范围，

表 8 - 5

分区域回归与分指数回归

变量	(1) 东部地区 高质量	(2) 中部地区 高质量	(3) 西部地区 高质量	(4) 数字金融程度指数 高质量	(5) 数字金融广度指数 高质量	(6) 数字金融深度指数 高质量
数字金融指数	0.200 ** (0.080)	0.302 *** (0.090)	0.154 (0.118)			
数字化程度				0.001 *** (0.000)		
数字金融覆盖广度					0.002 *** (0.001)	
数字金融使用深度						-0.000 (0.000)
商业银行违约率	-0.044 (0.030)	0.025 (0.066)	-0.065 ** (0.032)	-0.067 *** (0.019)	-0.065 *** (0.019)	-0.060 *** (0.020)
观测值	99	72	99	270	270	270
R²	0.686	0.687	0.664	0.590	0.564	0.551
个体固定效应	是	是	是	是	是	是
时间固定效应	是	是	是	是	是	是
控制变量	是	是	是	是	是	是

注：***、**、* 分别表示在 1%、5% 和 10% 的水平上显著。
资料来源：笔者根据本章样本数据运用 Stata 16.0 软件计算整理而得。

并且，数字金融广度指数的提升具有长尾效应，能够扩大受惠群体，助力经济高质量发展。数字金融深度指数主要侧重于数字金融服务的需求端，反映数字金融产品和数字金融服务多样化与需求的匹配程度，数字金融服务的使用离不开金融素养能力的提升。数字金融深度指数系数不显著带来的启示是，政府在数字金融发展过程中，发挥数字金融优势，重视信息基础设施建设的同时，要注重普及金融知识，以提升需求方对金融服务的针对性和目的性，从而更好地促进经济高质量增长。

第五节　机制分析

（一）影响渠道分析

金融科技与传统金融相结合极大地拓展了金融边界，满足个体与企业多元化的金融需求，实现金融信息数字化。中国经济高质量发展的本质是可持续发展，可持续发展不仅意味着绿色发展，更重要的是经济体的韧性与个体福利水平的提升，考虑到在现代经济危机中，数字金融对实体经济的重要影响，本节选取消费波动性指标与信贷波动性指标表征个体福利水平与经济体韧性。消费波动性指数（Consume_v）和信贷波动性指数（Credit_v）采用 HP 滤波方法，分离趋势项并保留波动项，为充分衡量波动性水平，最终以波动项绝对值代替消费波动水平与信贷波动水平。前文从理论上分析了数字金融对个体消费的促进作用，以及数字金融能够有效地缓解企业融资约束，降低企业对传统金融信贷渠道的依赖性，成为传统货币政策渠道的有力补充。

本章认为，数字金融对个体消费的影响主要在于跨期配置收入结构，以此平滑并降低消费波动水平。对于实体经济，可以充分发挥数字金融优势，能够不断优化金融资源均衡配置，这对传统信贷渠道而言是有力的补充，可以降低信贷波动性，因此，本节我们将数字金融与消费波动水平和信贷波动水平相结合，并论证数字金融通过抑制消费波动性和信贷波动性实现经济平稳与可持续发展。机制分析，见表8-6。

本节全部采用 Driscoll-Kraay standard error 方法进行估计，能够有效地减轻自相关问题和异方差问题。表8-6的第（1）列~第（2）列考察数字金融是否可以抑制消费波动和信贷波动，结果表明，数字金融对消费波动和信贷波动的影响均在5%的水平上显著，数字金融发展水平的提升对消费波动和信贷波动存在抑制作用，同时，第（3）列~第（4）列使用消费波动水平和信贷波动水平作为自变量，经济高质量发展指数作为因变量，考察波动性对经济高质量发展的影响，结果表明，消费波动和信贷波动对经济高质量发展均有负面作用。因此，本章认为，数字金融可以通过抑制消费波动和信贷波动促进经济平稳、可持续性发展。

整体上，虽然数字金融的发展可以抑制消费波动和信贷波动，但是，考虑到消费和信贷的周期性，数字金融是否会因传统金融周期的波动而对两个变量产生异质性作用呢？接下来，我们将中国的各省（区、市）年度金融机构存贷款余额按照 HP 滤波进行分解，如果波动项大于0，则定义为金融上行周期；反之，亦然。第（5）列和第（6）列分别是金融下行周期内和金融上行周期内数字金融对信贷波动的影响，结果表明，数字金融对变量信贷波动的影响为负，系数分别为 -0.055 和 -0.005，但仅于金融下行周期在1%的统计水平上显著。这表明，数字金融可以在金融机构收缩信贷周期内依靠大数据优势、低成本优势和便利性优势对传统信贷需求方进行合理化金融资源配置，可以缓解信息不对称和道德风险等造成的银行惜贷行为，降低对实体经济的冲击，但在金融上行周期这一优势被遮掩，因此，不太显著。值得一提的是，我们发现，数字金融发展对消费波动的抑制性无论是在金融上行周期还是金融下行周期都可以很好地平滑并减少消费波动，并且，金融下行周期对消费波动的影响为 -0.032，大于金融上行周期对消费波动的影响。这说明，数字金融支付的便利性、交易低成本性能够有效地释放消费需求。比如，目前中国涌现的互联网在线新零售、支付宝和微信支付等的

表 8-6　机制分析

变量	(1) 消费波动	(2) 信贷波动	(3) 高质量	(4) 高质量	(5) 信贷波动	(6) 信贷波动	(7) 消费波动	(8) 消费波动
数字金融	-0.013**	-0.030**			-0.055***	-0.005	-0.032***	-0.006**
	(0.005)	(0.006)			(0.006)	(0.017)	(0.006)	(0.002)
消费波动水平			-1.284**					
			(0.472)					
信贷波动水平				-0.746**				
				(0.290)				
商业银行违约率	0.004**	0.004	-0.048***	-0.049***	0.002	0.005*	0.001	0.007***
	(0.001)	(0.003)	(0.009)	(0.008)	(0.003)	(0.003)	(0.001)	(0.001)
金融周期					下行	上行	下行	上行
观测值	270	270	270	270	129	141	129	141
R²	0.191	0.114	0.525	0.526	0.196	0.257	0.317	0.218
个体固定效应	是	是	是	是	是	是	是	是
时间固定效应	是	是	是	是	是	是	是	是
控制变量	是	是	是	是	是	是	是	是

注：***、**、*分别表示在1%、5%和10%的水平上显著。第(1)列~第(8)列采用的控制变量一致。

资料来源：笔者根据本章样本数据运用Stata 16.0软件计算整理而得。

运用极大地便利了居民消费与居民支付。同时，金融下行周期内数字金融服务可得性以及使用频率有助于缓解家庭面临的预算约束，释放流动性，在进行消费跨期配置中进一步减少不确定性对个体的影响，最终平滑并降低了消费波动。

（二）普惠性讨论

前文中，我们探讨了数字金融对经济高质量发展的影响及其异质性，综合来看，随着数字金融发展水平的不断提高，对经济高质量发展的影响越来越显著。不同于既有文献从消费、创新与创业、企业融资等渠道研究数字金融对经济高质量发展的传导路径，数字金融作为金融科技与金融的结合，在颇具特色的同时也具有传统金融的属性。因此，本章立足于经济高质量发展的可持续性，从数字金融是否对经济变量波动性有影响入手，发现数字金融对消费波动和信贷波动具有抑制作用。进一步地，本章猜想：（1）如果数字金融能够起到平滑消费波动和信贷波动的作用，并且，能够促进经济高质量发展，且数字金融作为资源配置的新兴工具，其本质仍然是为实体经济提供流动性支持，以满足各种类型的经济活动，那么，消费波动和信贷波动作为经济波动的重要组成部分，数字金融应对整体经济的波动性具有抑制性作用。（2）数字金融的普惠性对中国乡村地区的影响比城镇更大，尤其是在提高收入水平上，按照凯恩斯消费理论，决定个体消费最大影响的因素是收入水平（考虑到中国较为稳健的货币政策和价格水平，我们重点分析收入因素），如果数字金融具有普惠性，对于个体而言，最直接的影响是收入水平的提高，特别是对于弱势群体，这一影响带来的最终结果应该是消费差距缩小。大部分文献考察的重点，主要在数字金融对收入水平的促进作用上，但不足以反映数字金融对经济高质量发展的正向积极作用（收入分配不均可能会同时发生在不同个体收入水平提高的情况下）。（3）数字金融虽然具有传统金融属性，在促进经济高质量发展的路径上，相比传统金融统计口径的金融变量是否更有优势？关于这些问题的回答，将有助于深化本章的基准回归结果，不仅对于中国，对于大部分处于数字化起步阶段的发展中国家更具借鉴意义。普惠性结果，见表8-7。

表8-7　　　　　　　　　　　　普惠性结果

变量	(1)	(2)	(3)	(4)
	消费差距	经济波动	高质量	高质量
数字金融	-0.099**	-3.072***	0.176*	0.173*
	(0.048)	(0.436)	(0.098)	(0.097)
金融发展			-0.279	
			(0.275)	
信贷				-0.206
				(0.214)
商业银行违约率	-0.010	-0.073	-0.063***	-0.064***
	(0.012)	(0.109)	(0.019)	(0.019)
观测值	270	270	270	270
R^2	0.728	0.188	0.571	0.571
Anderson canon. corr. LM 统计值	97.056	99.812	84.117	86.027
Cragg-Donald Wald F 统计值	76.385	80.099	60.437	62.576
萨根检验	0.288	0.166	0.158	0.171
个体固定效应	是	是	是	是
时间固定效应	是	是	是	是
控制变量	是	是	是	是

注：***、**、*分别表示在1%、5%和10%的水平上显著。表8-7的结果采用面板2-Step GMM 估计方法进行估计，结果表明，工具变量是可以识别的，弱工具变量检验（Cragg-Donald Wald F）统计值远大于10%的显著水平上的临界值，拒绝弱工具变量的原假设，萨根检验P值大于0.1，接受工具变量外生性原假设。第（3）列使用金融机构存贷款余额表示金融发展，作为对比，第（4）列采用省际层面金融机构贷款总额的对数表示金融发展对第（3）列结果进行的稳健性分析。

资料来源：笔者根据本章样本数据运用 Stata 16.0 软件计算整理而得。

我们采用面板2-Step GMM 估计方法回归对讨论部分的猜想进行验证，表8-7的第（1）列中被解释变量为消费不均等（Consume_ inequality），本章以中国的30个省（区、市）的城市平均个人消费数据和农村平均个人消费数据的比值来表征，具体为 $Consume\_inequality = \dfrac{城市平均个人消费}{农村平均个人消费}$，结果表明，数字金融对消费差距的影响在 5% 的水平上显著为负，系数为 -0.099。这说明，数字金融具有普惠性，能够提升个体福利水平，降低城乡消费差距，对依靠消费拉动内需很有借鉴意义。在第（2）列中，本章依照前文定义波动的方法，采用 HP 滤波，取中国的 30 个省（区、市）GDP 增长波动项变量作为经济整体波动指标，结果与预期一致，数字金融系数在 1% 的水平上显著为负。这表明，数字金融不仅对消费波动和信贷波动具有抑制作用，对宏观经济增长波动具有同样的影响，数字金融发展在经济增长过程中不容忽视。值得一提的是，当我们纳入采用不同标准的传统金融衡量指标后发现，传统金融变量系数并不显著。这表明，数字金融在促进经济高质量发展的路径上不能被传统金融替代，也表明经济高质量发展不能单纯依靠传统金融刺激，否则，效果将大打折扣。

第六节　结论与建议

2020 年初，全球新冠疫情暴发以来，中国内部经济发展环境、外部经济发展环境日益严峻。2022 年伊始，美国进入加息周期，对中国经济结构转型和金融供给侧改革带来的冲击无疑是空前的，问题的症结在于，高科技产业发展受阻，资本市场动荡，国内消费需求不振。在国内大循环模式下，依靠消费市场壮大反哺产业链发展和转型，是经济高质量发展的关键。经济增速放缓并不意味着不发展，相反，要更加注重结构调整，更加注重人民幸福感提升，更加注重金融资源优化配置，更加注重可持续发展，更加注重民族自信心提升，更加注重大国风度与国际话语权，这些均是经济高质量发展的体现。本章选取经济高质量发展内涵中的一个维度——可持续性，探讨金融科技创新对经济高质量发展的影响，中国处于数字金融发展的世界前列，因此，能否实现"弯道超车"，从消费端与金融端寻找数字金融对经济高质量发展的积极推力尤为重要。本章主要结论有以下四点。

（1）整体上数字金融发展对经济高质量发展的影响是正向的，但这种影响存在区域性结构差异，主要由中国区域发展不平衡造成。数字金融对经济高质量发展的推力作用在中国东部省（市）和中部省表现显著，而对于西部省（区、市）不显著。

（2）数字金融发展从三个维度衡量，分别是数字金融覆盖广度、数字金融发展程度和数字金融发展深度。本章研究表明，只有数字金融程度指数和数字金融广度指数对经济高质量发展的影响是显著的，而数字金融深度指数对经济高质量发展的影响不显著。

（3）本章以消费波动和信贷波动表示宏观经济波动，如果经济体具有韧性，那么，在面对波动性冲击时，将以回归形式回复，才能保证经济体平稳、可持续性发展。实证分析结果表明，数字金融可以有效地平抑宏观波动，而宏观波动对经济高质量发展的影响是负向的。值得一提的是，数字金融对信贷波动的抑制作用在金融下行周期更加显著，而对消费波动的影响在金融上行周期和金融下行周期均显著，尤其是在金融下行周期影响更大。

（4）数字金融对城乡消费差距具有显著的引力作用，可以在一定程度上缩小城市消费差距，同时，数字金融对经济增速的波动性具有平抑作用，再次验证了数字金融对经济高质量发展的可持续性推动作用，最后，相比传统金融工具，数字金融更加有效，也表明经济高质量发展不能继续依靠传统金融刺激经济的旧模式。

根据本章研究结论，有以下三点政策启示。

（1）政府要加快数字金融相关基础设施建设，在发挥数字金融优势、重视信息基础设施建设的同时，注重普及金融知识，以提升需求方对金融服务的针对性和目的性，从而更好地促进经济高质量增长；

（2）加大对中国中西部地区金融资源以及金融政策的适度倾斜，

因地施策，为经济欠发达地区提供更多数字支持服务，缩小区域之间的数字金融发展差距，助力实现共同富裕；

（3）出台有针对性的互联网金融监管措施，正确引导数字金融产业发展，将数字金融与经济高质量发展的关系建立在可持续性发展框架内。

第六部分
数字金融与经济高质量发展研究展望

第九章

研究结论与政策讨论

第一节　本书主要结论

数字技术在降低服务成本、拓展传统金融服务对象以及发展普惠性金融领域，为中国经济高质量发展提供了很好的机遇。移动互联网通信技术、大数据存储与分析技术、区块链、云计算等技术大大促进了数字金融发展，这种新的金融业态极大地改变了人们生活和社会的方方面面，未来更有可能彻底改变传统金融结构。可以说，数字金融的出现极大地促进了普惠金融的发展，也奠定了数字金融推进经济高质量发展的基石。从金融服务渗透性来说，数字金融使得金融服务最大限度地渗透到金融领域或者经济不发达地区，从覆盖范围来看，数字金融极大地降低了信贷需求群体的授信门槛，让金融创新产品走进社会大众群体，降低了金融排斥导致的金融摩擦。这对稳定消费、投融资产生了积极作用，提升了居民和中小微企业的幸福感，符合中国经济高质量发展的核心要求，因此，大力推动数字金融发展有其历史使命。

本书从学术角度出发，试图全面评估数字金融对中国经济高质量发展的影响，虽然既有文献对此做出了研究，但是，所得结论和分析角度比较接近，希望本书的研究在既有研究基础上作出拓展，对正确认识数字金融与经济高质量发展的关系至关重要，以服务于政策实践为最终目标。本书按照数字金融赋能经济高质量发展是否满足中小微企业创新驱动的投融资需求、能否保证经济高质量、可持续性发展为主线进行研究，下面，我们回顾本书的研究发现和主要结论。

第一，在本书第一部分，对数字技术赋能金融和经济高质量发展的可能性进行了简要分析。对什么是数字技术，以及如何赋能金融和经济高质量发展进行阐述，我们以数字技术应用寻找数字金融和经济高质量发展的共性。

第二，在本书第二部分，回顾了中国数字普惠金融的发展历程，描述了数字技术的特点，比如，普及门槛较低，降低了使用成本，打造了双边平台，促进新型商业形态出现等，这些数字技术能够很好地改善传统金融在信息不对称、风险定价及优化资源结构方面的不足。数字和金融的结合，使数字金融主要以数据为核心要素，对数据运用的逻辑在于，运用新信息技术强化场景金融数据的挖掘。场景金融是指，通过数据将消费场景、生产场景、社交场景相互融合成消费金融、供应链金融和社交金融的新型金融生态。因此，数字技术赋能金融在于对金融数据的处理，数据和科技与金融的融合颠覆了传统金融市场的"二八定律"，因此，数字技术大大提升了金融包容性。该部分同样对数字金融的发展趋势进行了分析，发现数字金融最近十年发展迅猛，即使在新冠疫情环境下仍然有所增长，同时，呈现出省际发展趋势收敛。

第三，本书构建了测度中国经济高质量发展水平的指数，从指数趋势来看，高质量发展指数较高的区域，主要集中于广东省、海南省、福建省、江苏省、浙江省、上海市、北京市、安徽省、陕西省、黑龙江省、辽宁省、山东省，一方面，反映了中国经济高质量发展的地域不平衡性；另一方面，与传统产业相关，以自然资源拉动的内陆省份以及重工业为基础的黑龙江省和辽宁省等在经济结构转型，倡导绿色经济发展的政策支持下，经济高质量发展水平显著提升。本书认为，以信息技术为支撑的数字金融发展，可以减少信息不对称、降低交易成本、拓展交易可能性集合、推动交易去中介化和优化资源配置，是数字金融促进经济高质量发展的核心动能。

　　第四，本书第三部分从消费角度探讨了数字金融对经济高质量发展的影响，该部分借鉴经典货币购物模型并对其进行拓展，在此基础上构建数字金融对居民消费的影响。我们发现，数字金融发展对提升家庭消费具有积极作用，并且，数字金融对农村地区的影响比城市大，特别是对低收入家庭和低金融素养家庭，另外，对教育水平在高中以上的农村青年人具有更显著的提升作用，这无疑起到了雪中送炭的作用。从传导机制上看，数字金融主要通过缓解流动性约束、增加支付便利性以及提高家庭金融素养三个方面促进了家庭消费支出。

　　第五，在验证了经典作用渠道后，本书基于波动性视角讨论数字金融对消费的影响，经济高质量发展不在于增速，在于稳健性和可持续性，与消费波动和投资波动息息相关，这是在既有研究中忽略的部分。因此，本书在第三部分验证数字金融发展对不同统计口径消费波动变量的影响，结果发现，数字金融发展加强了消费波动性，结果似乎令人困惑，但是，忽略了一点，即中国数字金融是在不断发展和完善中，对家庭消费的促进作用也是在不断提升中。因此，当大量群体获得金融服务后，消费波动性将会上升，即进一步提升家庭消费水平，这对中国经济高质量发展无疑注入了新的动能，依靠消费拉动经济增长成为可能。

　　第六，在探讨了数字金融影响家庭微观机制后，本书第四部分从企业层面探讨数字金融对融资约束的影响。既有文献经常把融资约束当作既定事实，然后，讨论相关的变量交互影响。比如，企业创新、企业发展以及企业投资领域，但是，数字金融的出现对于企业融资约束理论有很大帮助。基于数字金融在降低信息不对称，消除金融摩擦方面的技术优势，给定企业存在融资约束的现实，数字金融发展能否以及在多大程度上缓解金融摩擦对企业造成的融资约束，是一个值得探讨的话题。本书的研究表明，数字金融发展可以降低企业融资约束，同时，主要依赖数字金融支持服务的程度，即金融服务的便利性和低成本。在企业生命周期分析中，数字金融对企业融资约束的改善作用在企业衰退期不显著。在经济周期分析中，数字金融对融资约束的影响在信贷扩张周期和信贷紧缩周期具有差异性。在信贷扩张周期，数字金融对企业融资约束的改善程度要低于信贷紧缩周期。面临信贷紧缩周期时，传统金融融资模式下银行类金融机构往往会收紧信贷，提高信贷门槛，要求企业交付更高抵押物，因此，数字普惠金融的优势在信贷紧缩周期更明显。本书第四部分同样分析企业面临投资波动性以及不确定性时，数字金融对企业融资约束的影响程度如何。研究表明，数字金融可以抑制经济政策不确定性、经济波动和投资波动给企业融资带来的负面影响，该结论同样提供了经济高质量发展背景下企业依靠创新转型进行融资的解决途径，对经济持续、稳健增长具有积极影响。

第七，在讨论了家庭微观层面数字金融、企业微观层面数字金融对波动性的影响之后，本书第五部分从宏观层面验证数字金融对经济高质量发展的影响。如果数字金融可以通过提升家庭消费水平，抑制不确定性缓解企业融资约束，那么，在宏观层面，数字金融应该可以通过抑制消费波动及信贷波动提升经济高质量发展指数，这将有助于实现稳健、可持续增长。本书的研究表明，其一，数字金融发展能够促进经济高质量发展，该结果在不同规范分析下均保持一致；其二，在区域分析中，数字金融对经济高质量发展的影响在中国西部地区不太显著，主要在于西部地区的初始资源禀赋相较于中部地区尤其是东部地区落后，改革开放以来，中国形成了东部发达地区，中部欠发达地区以及西部大开发地区的发展格局，西部地区金融发展以及基础设施相对落后，同时，中国数字金融的发源地主要位于东部沿海地区，西部地区深居内陆，在吸引新型金融业态以及适应能力上偏弱；其三，机制分析结果表明，数字金融可以通过抑制消费波动和信贷波动促进经济平稳、可持续发展。数字金融对信贷波动的影响在金融下行周期比较明显，但在金融上行周期对信贷波动影响的优势被遮掩，不太显著。我们发现，数字金融发展对消费波动的抑制性无论是在金融上行周期还是在金融下行周期，都可以很好地平滑消费波动水平并降低消费波动水平；其四，数字金融发展对经济高质量发展的影响具有普惠性，主要表现在对城乡消费差距具有显著的引力作用，可以在一定程度上缩小消费差距。数字金融对宏观经济增速的波动性同样具有平抑作用，再次验证了数字金融对经济高质量发展的可持续推动作用。值得一提的是，相比于传统金融工具，数字金融更加有效，也表明经济高质量发展不能继续依靠传统金融刺激经济的旧模式。

总体来说，本书第五部分结论支持了本书第三部分、第四部分的分析，是第六章分析结论和第七章分析结论在宏观层面的重现。本书从微观层面、中观层面和宏观层面三个层面，论证了数字金融对经济高质量发展的积极影响以及相应的作用机制。

第二节　政策讨论

本书结论虽然证实了数字金融可以促进中国经济高质量发展，但必须强调，数字金融并不是赋能中国经济高质量发展的唯一动能，我们仍然需要多种政策的配合，合力推进中国经济高质量发展并迈向新的阶段。让市场发挥决定性作用，并不意味着政府不作为，我们认为，现阶段中国大力推进经济高质量发展的路途中需要注重以下四个问题。

第一，本书研究表明，数字金融发展可以拉动家庭消费水平增长，同时，该影响对于农村地区更大，充分体现了数字金融的涓滴效应和增长效应，这为缩小城乡收入差距提供了重要的经验性分析，因此，现阶段，其一，需要继续推进数字金融的发展；其二，需要特别关注西部地区金融基础设施建设，加强提升当地居民金融素养，以提高其获取金融信息的能力；其三，要缩小各地区之间的互联网鸿沟，这是数字金融促进消费，也是推进经济高质量发展的关键；其四，需要特别关注数字金融发展对居民消费结构的影响，重点关注如何通过数字金融促进居民消费升级，继续发挥数字金融便利性支付的特点，进一步降低实体经济中金融交易的成本，为国内大循环发展可能性提供保障。

第二，虽然数字金融对消费的影响显而易见，数字金融发展可以有效地缓解居民流动性约束，但是，希望政府有关部门加强数字技术甄别金融服务对象的能力。有研究表明，数字金融的便利性借贷很可能使部分居民陷入债务陷阱，因此，需要加强大数据风险甄别能力，使金融资源配置更加合理，这也是经济高质量发展的基本要求。

第三，数字金融发展能够有效地缓解企业融资约束，降低因金融摩擦导致的经济波动，因此，需要充分发挥政府在数字金融发展中的战略引领作用，制定专项数字金融支持计划，打通体制上的障碍，加快技术创新研发，使得数字金融进一步与产业深度融合。另外，进一步健全依靠大数据支持的信用体系建设，重点关注不同金融周期下，不同类型公司对借贷资金的需求状况，有针对性地为中国中小微企业打造数字化融资平台，这将为企业创新、产业升级提供重要的政策保障。

第四，数字金融经过十年的发展，能否最终成长为稳定的、新的金融服务形态尚待观察，因此，需要重视数字金融对经济高质量发展积极的一面，但也不能忽视相关风险。传统金融"双刃剑"的特征在2008年金融危机后已经引起世界各国的重视，在风险可控的情况下，对于相关监管部门应该采取"三不"政策：不支持、不禁止、不违法，在现有金融法律框架下，让新兴金融科技行业探索成长，监管者需要不断总结行业经验，与时俱进，改进监管模式，比如，可以从监管科技入手，建立绿色金融信息平台，建立企业信息信用体系，在确保安全性的前提下，在有条件的数字金融试验区和数字科技发达的城市开展金融科技产品试点和金融科技服务试点，为经济高质量发展平稳运行提供强大的制度保障。

第十章

研究展望

实体经济是推动经济高质量发展最重要的基石，金融活，经济活；金融稳，经济稳。① 金融服务实体经济共生共存，经济高质量的发展离不开金融驱动。经济高质量发展的内核，主要是克服中国不平衡、不充分地发展，需要高质量的金融模式与之配合。本书研究表明，数字金融作为数字和金融的融合，是一种新兴的金融业态，其包容性特征充分释放中小微企业的创新动能与投资动能，保障经济高质量发展的可持续性。但是，也必须承认，本书的研究有一定局限性，比如，虽然本书从微观家庭、企业视角以及宏观视角探讨数字金融对经济高质量发展的影响，但并不完全。实际上，数字金融本质上还是金融，它对实体经济的赋能是必然的。它产生的经济效应主要来自数字技术与传统金融的结合。这些效应反映了数字金融对实体经济的影响，但对这种影响的理解还有待加深，需要更深入地探索数字金融的理论和作用机制。经济高质量发展的内涵是多维的，目前数字金融还处于继续发展阶段，值得研究的问题还有很多。

党的十九届五中全会通过的《中共中央关于制定国民经济和社会发展第十四个五年规划和二〇三五年远景目标的建议》中提出，要加快构建以国内大循环为主体、国内国际双循环相互促进的新发展格局，新发展格局是高质量发展的内在要求和重要标志，这势必要求一个更加公

---

① 中国政府网，https：//h.xinhuaxmt.com/vh512/share/11754948？d＝134b3c2。

平、更有效率、更可持续、更加安全的发展环境，需要建立更强大的内需体系和国内市场。① 这场数字技术革命能否让中国立足于经济高质量发展，实现弯道超车，未来的着力点可能有以下三个。

第一，数字征信体系构建和完善。经济高质量发展要求推动科技创新在内外循环中发挥更为关键的作用，要鼓励和加强信息基础设施建设，注重创新，充分发挥企业创新主体地位，鼓励全社会加大人力资本投入，加强国际交流，在对外开放条件下迅速促进科技能力提升。相关研究表明，数字金融对企业创新具有很强的推动力，主要在于数字金融授信门槛低、速度快、交易便捷，能够迅速为创新型企业提供更多资金支持，让金融彻底回归服务大众的要求。同时，借助数字技术，创新企业可以更方便地实现在线营销、支付、结算，极大地降低了创新企业的搜寻成本与交易成本，有助于促成原本需要线下完成的因费时耗力和信息不对称等而被抑制的交易，提高交易速度和资金周转速度，进一步提升企业创业动能。本书研究结论表明，数字金融在促进居民消费、降低消费差距方面具有积极作用，那么，供给和需求的结合，可以实现良性互动。

然而，大部分文献关注数字金融的终端效应，即对经济体最终产生什么影响，而忽略数字金融发挥其功效最基本的前提，比如，市场机制正常健康运行的保障在于加强社会信用体系建设，数字化时代，数字信用体系建设将是进一步发挥数字金融动能的重要前提条件。降低借贷主体成本的途径有两种：其一，是增信，一般通过公共部门提供一定担保来改善借款人的信用状况，或者让若干借款人共同承担借贷风险；其二，是借助征信体系降低借款人的信息不对称，从而降低风险成本。

目前，中国征信体系仍然存在不足，主要表现在两个方面：其一，

---

① 中国共产党第十九届中央委员会第五次全体会议通过《中共中央关于制定国民经济和社会发展第十四个五年规划和二〇三五年远景目标的建议》，https：//www.gov.cn/xinwen/2020-11/03/content_ 5556991. htm。

对低收入个体和小微企业的覆盖面不够，传统征信手段主要依赖于信用卡的使用记录，但如果个体没有从事过传统的信贷业务，银行机构就无法获得有效的信用信息，而这部分主体大多是最需要征信系统来帮助其完成融资借贷需求的，这就造成了金融排斥和金融摩擦，将部分群体排除出金融市场；其二，传统公共征信机构缺乏竞争意识，运营效率和产品的丰富程度有待提高，中国唯一全国性质的公共征信运营平台只有中国人民银行征信中心，因为缺少竞争，所以，征信系统向商业用户收取的查询费用过高，在征信产品设计、系统使用的便捷性和效率上还有较大提升空间。比如，目前，个人查询征信报告实行当日申请、次日获取的方式，同时，征信中心提供的产品较单一，不足以支持多元化和多层次的场景需求。

在数字化发展迅猛的时代，如何改善征信系统，提升效率水平，是推进金融普惠性的关键，也是经济高质量发展的要求。互联网金融最大的价值在于去中心化思想，打破传统领域和传统行业的垄断局面，实现金融业态创新与金融结构创新，降低金融服务的边际成本，更重要的是互联网时代积累的丰富数据。目前，中国人民银行已和八家公司展开合作，分别是腾讯征信、芝麻信用、前海征信、鹏元征信、中诚征信、中智诚征信、华道征信和拉卡拉征信，① 但远远不够。

虽然加强了与民营企业的合作，但是，仍然存在不足需要进一步探讨和研究：其一，在数据保护方面，中国与发达国家相比仍然有很大差距，主要体现在概括性授权问题，这点对于进一步消除"数字鸿沟"至关重要，"数字鸿沟"的消除不仅提供互联网平台，更重要的是消费者隐私、安全隐患问题。目前，消费者在使用互联网服务时会签署相关协议，但是，该协议内容繁多，消费者一般不会仔细阅读对信用公司如何授权，授权了哪些内容，容易产生隐患。其二，数据是数字革命的重要基石，但是，数据的归属问题并未明确规定，在推进互联网普及的同

① 个人征信不可先乱后治，https：//weekly. caixin. com/2017 - 04 - 29/101084729. html。

时，会使得数据面临更大的泄露风险。因此，如何加强数据管理、设计合理持续的征信体系、有效防范数字风险，是数字金融赋能高质量发展的前提，也是未来研究的重点。

第二，本书研究表明，数字金融的包容性主要体现在对于弱势群体、弱势区域的倾斜上。中国经济高质量发展的关键，不仅在于新动能的培育，更在于城乡一体化协调。中国城镇化快速发展的同时，如何推动新型城镇化和城乡协调发展不仅关乎共同富裕，也关乎高质量发展程度。城乡一体化是国内大循环的重要支撑点，如何推动城乡要素平等交换、双向流动、增强农村活力、优化区域分工，关乎乡村振兴。既有研究表明，数字金融能够促进城镇化，相应的机理是数字金融发展有助于提升农业经营性收入，提高劳动生产率，推动城镇化水平提高。既有文献研究数字金融对农村地区创业、收入提升等的影响仍然不足，如何利用数字科技提升农村地区普惠金融的效率，打通农村普惠金融的"最后一公里"成为乡村振兴的前提条件。

目前，中国城镇化进程卓有成效，但是，农村人口基数仍然庞大，金融需求旺盛，但农村地区的网络基础设施、经济人文环境和电子物流系统不是很完善，这也恰恰是数字金融能够发挥巨大潜能的因素。据中国社会科学院发布的《"三农"互联网金融黄皮书》的数据显示，中国农村地区金融产品仍以传统的"存、贷、汇"为主，缺少保险、基金、证券等创新型金融产品。[①] 数据反映了传统金融面临的困境，即农村征信数据、质押物缺失，难以符合传统信贷抵押条件、信贷质押条件。另外，农村地区的人口金融素养偏低，基础设施相对薄弱，地广人稀，金融服务覆盖率不足，且农业相较于其他产业利润率偏低，这种"小额、分散、高频"的金融服务模式制约了农村金融业务的开展，传统农村普惠金融面临天花板现象。

---

① 2018年5月11日，中国社会科学院财经战略研究院、社会科学文献出版社在北京发布《"三农"互联网金融黄皮书》，https://www.sohu.com/a/231263079_186085。

数字信用的产生解决了传统农村金融需要担保物的问题，电商和社交移动网络的迅速发展也为开展农村金融业务积累了大量原始数据，包括描绘用户画像、生活习惯、交易记录等，这为原本缺失的农村征信提供了新的蓝图。数字金融革新了传统金融的中介媒介和基础设施需求，将金融服务拓展到更偏远的地区，城乡之间的金融服务鸿沟正被逐渐弥合。

虽然数字农村贷款为农村金融服务的发展开辟了新的路径，但目前的主要问题和研究趋势是，如何将数字技术运用与产业相关联，如何让数字金融覆盖农村产业链，释放更多农村生产力。我们从产业链角度看，主要包括农村的生产、收购、加工、销售等环节，如何让数字金融企业参与其中，实行针对农村特点和需求的新型金融生产业务并帮助农民和企业发展，成为数字普惠金融和相关企业需要关注的问题。

第三，要继续推动改革开放，深度融入全球经济体系建设、加快创新发展。推动高质量出口、扩大进口、强化经济高质量发展，实现高质量"引进来"战略和高质量"走出去"战略。那么，数字金融在全球化的经济循环体系中扮演了什么角色，对进出口企业影响如何，是否对于对外开放水平产生影响，并无太多相关理论与实践分析，也是目前数字金融助力经济高质量发展中需要迫切关注的问题。

推进数字金融发展是一场金融革命，目前，中国正走在这场革命的前列，能否"弯道超车"，实现高质量发展，数字化进程还需要进一步推进。数字金融的本质仍然是金融属性，需要在创新过程中时刻保持监管警觉，加强事前管理，在面临机遇的同时不忘风险，最终实现经济增长的可持续性。

参考文献

［1］范合君，吴婷．数字化能否促进经济增长与高质量发展——来自中国省级面板数据的经验证据［J］．管理学刊，2021，34（3）：36－53.

［2］高培勇．理解、把握和推动经济高质量发展［J］．经济学动态，2019（8）：3－9.

［3］宫晓林．互联网金融模式及对传统银行业的影响［J］．南方金融，2013（5）：86－88.

［4］辜胜阻，吴华君，吴沁沁，等．创新驱动与核心技术突破是高质量发展的基石［J］．中国软科学，2018，10（9）：18.

［5］郭峰，王靖一，王芳，孔涛，张勋，程志云．测度中国数字普惠金融发展：指数编制与空间特征［J］．经济学（季刊），2020，19（4）：1401－1418.

［6］何宏庆．数字金融——经济高质量发展的重要驱动［J］．西安财经学院学报，2019（4）：45－51.

［7］何立峰．深入贯彻新发展理念 推动中国经济迈向高质量发展［J］．宏观经济管理，2018（4）：4－5，14.

［8］何兴邦．环境规制与中国经济增长质量——基于省际面板数据的实证分析［J］．当代经济科学，2018，40（2）：1－10，124.

[9] 何宗樾，宋旭光．数字金融发展如何影响居民消费［J］．财贸经济，2020，41（8）：65－79.

[10] 贺健，张红梅．数字普惠金融对经济高质量发展的地区差异影响研究——基于系统 GMM 及门槛效应的检验［J］．金融理论与实践，2020（7）：26－32.

[11] 洪卫，靳亚阁，谭林．银行数字化缓解中小微企业融资约束：一个理论分析［J］．金融理论与实践，2020（11）：63－68.

[12] 胡鞍钢，周绍杰．新的全球贫富差距：日益扩大的"数字鸿沟"［C］．国情报告（第四卷 2001 年（下）），2012：151－178.

[13] 胡贝贝，王胜光．互联网时代的新生产函数［J］．科学学研究，2017，35（9）：1308－1312，1369.

[14] 黄宏斌，翟淑萍，陈静楠．企业生命周期、融资方式与融资约束——基于投资者情绪调节效应的研究［J］．金融研究，2016（7）：96－112.

[15] 黄锐，赖晓冰，唐松．金融科技如何影响企业融资约束？——动态效应、异质性特征与宏微观机制检验［J］．国际金融研究，2020（6）：25－33.

[16] 黄益平，黄卓．中国的数字金融发展：现在与未来［J］．经济学（季刊），2018，17（4）：1489－1502.

[17] 黄益平，陶坤玉．中国的数字金融革命：发展、影响与监管启示［J］．国际经济评论，2019（6）：5，24－35.

[18] 黄永明，姜泽林．金融结构、产业集聚与经济高质量发展［J］．科学学研究，2019，37（10）：1775－1785.

[19] 江小涓，罗立彬．网络时代的服务全球化——新引擎，加速度和大国竞争力［J］．中国社会科学，2019（2）：68－91，205.

[20] 蒋长流，江成涛．数字普惠金融能否促进地区经济高质量发展？——基于 258 个城市的经验证据［J］．湖南科技大学学报（社会科学版），2020，23（3）：75－84.

［21］焦瑾璞，孙天琦，黄亭亭，等．数字货币与普惠金融发展——理论框架，国际实践与监管体系［J］．金融监管研究，2015（7）：19－35.

［22］焦瑾璞，黄亭亭，汪天都，张韶华，王瑱．中国普惠金融发展进程及实证研究［J］．上海金融，2015（4）：12－22.

［23］金碚．关于"高质量发展"的经济学研究［J］．中国工业经济，2018（4）：5－18.

［24］李波，朱太辉．债务杠杆，金融素养与家庭金融脆弱性——基于中国家庭追踪调查 CFPS 2014 的实证分析［J］．国际金融研究，2020（7）：25－34.

［25］李建军，韩珣．普惠金融，收入分配和贫困减缓——推进效率和公平的政策框架选择［J］．金融研究，2019，465（3）：129－148.

［26］李梦欣，任保平．新时代中国高质量发展的综合评价及其路径选择［J］．财经科学，2019（5）：26－40.

［27］李杨，程斌琪．金融科技发展驱动中国经济增长：度量与作用机制［J］．广东社会科学，2018（3）：44－52.

［28］林木西，肖宇博．数字金融、技术创新与区域经济增长［J］．兰州大学学报（社会科学版），2022，50（2）：47－59.

［29］林毅夫，孙希芳，姜烨．经济发展中的最优金融结构理论初探［J］．经济研究，2009，44（8）：4－17.

［30］刘伟，戴冰清．数字金融赋能企业创新：结构、功能与传导路径［J］．金融发展研究，2022（3）：39－49.

［31］罗以洪．大数据人工智能区块链等 ICT 促进数字经济高质量发展机理探析［J］．贵州社会科学，2019（12）：122－132.

［32］马黄龙，屈小娥．数字普惠金融对经济高质量发展的影响——基于农村人力资本和数字鸿沟视角的分析［J］．经济问题探索，2021（10）：173－190.

［33］裴长洪，倪江飞，李越．数字经济的政治经济学分析［J］．

财贸经济，2018，39（9）：5－22.

［34］钱海章，陶云清，曹松威，等．中国数字金融发展与经济增长的理论与实证［J］．数量经济技术经济研究，2020，37（6）：26－46.

［35］邱泽奇，张樹沁，刘世定，许英康．从数字鸿沟到红利差异——互联网资本的视角［J］．中国社会科学，2016（10）：93－115，203－204.

［36］任保平．新时代中国经济增长的新变化及其转向高质量发展的路径［J］．社会科学辑刊，2018，238（5）：35－43.

［37］任保平，李禹墨．新时代我国高质量发展评判体系的构建及其转型路径［J］．陕西师范大学学报（哲学社会科学版），2018，47（3）：105－113.

［38］师博，任保平．中国省际经济高质量发展的测度与分析［J］．经济问题，2018（4）：1－6.

［39］宋敏，周鹏，司海涛．金融科技与企业全要素生产率——"赋能"和信贷配给的视角［J］．中国工业经济，2021（4）：138－155.

［40］宋晓玲．数字普惠金融缩小城乡收入差距的实证检验［J］．财经科学，2017（6）：14－25.

［41］唐松，伍旭川，祝佳．数字金融与企业技术创新——结构特征，机制识别与金融监管下的效应差异［J］．管理世界，2020，36（5）：52－66.

［42］滕磊，马德功．数字金融能够促进高质量发展吗？［J］．统计研究，2020，37（11）：80－92.

［43］万佳彧，周勤，肖义．数字金融、融资约束与企业创新［J］．经济评论，2020（1）：71－83.

［44］王敏，李兆伟，吕寒．数字金融与经济高质量增长：机制、效应与异质性分析［J］．哈尔滨商业大学学报（社会科学版），2021（3）：18－34.

［45］谢平，邹传伟，刘海二．互联网金融的基础理论［J］．金融研

究，2015，8：1－12.

[46] 谢平，邹传伟，刘海二. 互联网金融模式研究 [J]. 金融研究，2012，12（11）：11－22.

[47] 谢绚丽，沈艳，张皓星，郭峰. 数字金融能促进创业吗？——来自中国的证据 [J]. 经济学（季刊），2018，17（4）：1557－1580.

[48] 严成樑. 现代经济增长理论的发展脉络与未来展望——兼从中国经济增长看现代经济增长理论的缺陷 [J]. 经济研究，2020，55（7）：191－208.

[49] 杨汝岱，陈斌开. 高等教育改革、预防性储蓄与居民消费行为 [J]. 经济研究，2009，44（8）：113－124.

[50] 杨汝岱. 大数据与经济增长 [J]. 财经问题研究，2018（2）：10－13.

[51] 易行健，王俊海，易君健. 预防性储蓄动机强度的时序变化与地区差异——基于中国农村居民的实证研究 [J]. 经济研究，2008（2）：119－131.

[52] 易行健，周利. 数字普惠金融发展是否显著影响了居民消费——来自中国家庭的微观证据 [J]. 金融研究，2018（11）：47－67.

[53] 张晨，董晓君. 绿色信贷对银行绩效的动态影响——兼论互联网金融的调节效应 [J]. 金融经济学研究，2018，33（6）：56－66.

[54] 张丽. 普惠金融下中小微企业融资难问题研究 [J]. 商业经济，2012（15）：68－97.

[55] 张勋，万广华，张佳佳，何宗樾. 数字经济、普惠金融与包容性增长 [J]. 经济研究，2019，54（8）：71－86.

[56] 张勋，杨桐，汪晨，万广华. 数字金融发展与居民消费增长：理论与中国实践 [J]. 管理世界，2020，36（11）：48－63.

[57] 张珍花，杨朝晖. 数字普惠金融对经济高质量增长影响研究——基于政府参与视角 [J]. 华东经济管理，2022，36（4）：71－78.

[58] 赵可，张炳信，张安录. 经济增长质量影响城市用地扩张的

机理与实证 [J]. 中国人口·资源与环境, 2014 (10): 76 – 84.

[59] 朱方明. 论马克思主义经济发展理论中国化的新发展 [J]. 四川大学学报 (哲学社会科学版), 2018 (5): 15 – 25.

[60] Abbasi, Tariq, Weigand, Hans. "The Impact of Digital Financial Services on Firm's Performance: A Literature Review." ArXiv, 2017, / abs/1705. 10294.

[61] Acemoglu D. , Zilibotti F. Productivity differences [J]. The Quarterly Journal of Economics, 2001, 116 (2): 563 – 606.

[62] Acemoglu D. Johnson S. Robinson J. Institutions as the fundamental cause of long-run growth [J]. National Bureau of Economic Research Working Paper, 2004 (10481): 1 – 111.

[63] Aghion. Durlauf S. Handbook of Economic Growth [M]. Elsevier, 2005: 386 – 472.

[64] Aghion P. , Askenazy P. , Berman N. , et al. Credit constraints and the cyclicality of R&D investment: Evidence from France [J]. Journal of the European Economic Association, 2012, 10 (5): 1001 – 1024.

[65] Aghion P. , Howitt P. A model of growth through creative destruction [J]. Econometrica, 1992, 60 (2): 323 – 351.

[66] Aghion P. , Jones B. F. , Jones C. I. Artificial intelligence and economic growth [M]. Cambridge, MA: National Bureau of Economic Research, 2017.

[67] Alessandri P. , Mumtaz H. Financial regimes and uncertainty shocks [J]. Journal of Monetary Economics, 2019, 101: 31 – 46.

[68] Angrist J. D. , Pischke J. S. Mostly harmless econometrics: An empiricist's companion [M]. Princeton University Press, 2009.

[69] Atkinson A. , Messy F. A. Promoting Financial Inclusion through Financial Education: OECD/INFE Evidence, Policies and Practice, OECD Working Papers on Finance, Insurance and Private Pensions, 2013 (34): 1 – 54.

[70] Ayyagari M. , Demirgüç-Kunt A. , Maksimovic V. How important are financing constraints? The role of finance in the business environment [J]. The world bank economic review, 2008, 22 (3): 483 – 516.

[71] Baiardi D. , Magnani M. , Menegatti M. The theory of precautionary saving: an overview of recent developments [J]. Review of Economics of the Household, 2020, 18 (2): 513 – 542.

[72] Bakos J. Y. Reducing buyer search costs: Implications for electronic marketplaces [J]. Management Science, 1997, 43 (12): 1676 – 1692.

[73] Balkenhol, Bernd, ed. Microfinance and public policy: Outreach, performance and efficiency [M]. Springer, 2007.

[74] Balloch A. , Nicolae A. , Philip D. Stock market literacy, trust, and participation [J]. Review of Finance, 2015, 19 (5): 1925 – 1963.

[75] Banna H. , Alam M. R. Impact of digital financial inclusion on ASEAN banking stability: Implications for the post-Covid-19 era [J]. Studies in Economics and Finance, 2021, 38 (2): 504 – 523.

[76] Beaudry P. , Caglayan M. , Schiantarelli F. Monetary instability, the predictability of prices, and the allocation of investment: An empirical investigation using UK panel data [J]. American Economic Review, 2001, 91 (3): 648 – 662.

[77] Beck T. , Lundberg M. , Majnoni G. Financial intermediary development and growth volatility: Do intermediaries dampen or magnify shocks? [J]. Journal of International Money and Finance, 2006, 25 (7): 1146 – 1167.

[78] Beck T. , Pamuk H. , Ramrattan R. , et al. Payment instruments, finance and development [J]. Journal of Development Economics, 2018, 133: 162 – 186.

[79] Bei J. Study on the "high-quality development" economics [J]. China Political Economy, 2018, 1 (2): 163 – 180.

[80] Bernanke B. S. , Gertler M. , Gilchrist S. The financial accelerator in a quantitative business cycle framework [J]. Handbook of Macroeconomics, 1999, 1: 1341 – 1393.

[81] Bernanke B. S. , Gertler M. , Gilchrist S. The flight to quality and the financial accelerator [J]. Review of Economics and Statistics, 1996, 78 (1): 1 – 15.

[82] Blum B. S. , Goldfarb A. Does the internet defy the law of gravity? [J]. Journal of International Economics, 2006, 70 (2): 384 – 405.

[83] Bordo M. D. , Duca J. V. , Koch C. Economic policy uncertainty and the credit channel: Aggregate and bank level US evidence over several decades [J]. Journal of Financial Stability, 2016, 26: 90 – 106.

[84] Bourreau M. , Valletti T. Enabling digital financial inclusion through improvements in competition and interoperability: What works and what doesn't [J]. CGD Policy Paper, 2015, 65: 1 – 30.

[85] Bris A. , Cantale S. , Hrnjić E. , et al. The value of information in cross-listing [J]. Journal of Corporate Finance, 2012, 18 (2): 207 – 220.

[86] Buchak G. , Matvos G. , Piskorski T. , et al. Fintech, regulatory arbitrage, and the rise of shadow banks [J]. Journal of Financial Economics, 2018, 130 (3): 453 – 483.

[87] Caballero R. J. Consumption puzzles and precautionary savings [J]. Journal of Monetary Economics, 1990, 25 (1): 113 – 136.

[88] Campbell J. L. , Dhaliwal D. S. , Schwartz Jr W. C. Financing constraints and the cost of capital: Evidence from the funding of corporate pension plans [J]. The Review of Financial Studies, 2012, 25 (3): 868 – 912.

[89] Campbell J. Y. , Mankiw N. G. The response of consumption to income: a cross-country investigation [J]. European Economic Review, 1991, 35 (4): 723 – 756.

[90] Carrière-Swallow Y. , Céspedes L. F. The impact of uncertainty

shocks in emerging economies [J]. Journal of International Economics, 2013, 90 (2): 316 – 325.

[91] Carroll C. D. How does future income affect current consumption? [J]. The Quarterly Journal of Economics, 1994, 109 (1): 111 – 147.

[92] Chen L. From fintech to finlife: the case of fintech development in China [J]. China Economic Journal, 2016, 9 (3): 225 – 239.

[93] Chen M. , Guariglia A. Internal financial constraints and firm productivity in China: Do liquidity and export behavior make a difference? [J]. Journal of Comparative Economics, 2013, 41 (4): 1123 – 1140.

[94] Cheng M. , Qu Y. Does bank FinTech reduce credit risk? Evidence from China [J]. Pacific-Basin Finance Journal, 2020, 63: 101398.

[95] Chmelíková G. , Redlichová R. Is there a link between financial exclusion and over-indebtedness? Evidence from Czech peripheral municipalities [J]. Journal of Rural Studies, 2020, 78: 457 – 466.

[96] Cincera M. , Ravet J. Financing constraints and R&D investments of large corporations in Europe and the US [J]. Science and Public Policy, 2010, 37 (6): 455 – 466.

[97] Çolak G. , Durnev A. , Qian Y. Political uncertainty and IPO activity: Evidence from US gubernatorial elections [J]. Journal of Financial and Quantitative Analysis, 2017, 52 (6): 2523 – 2564.

[98] Cole R. A. , Cumming D. J. , Taylor J. Does FinTech compete with or complement bank finance? [J]. Available at SSRN, 2019 (3302975): 1 – 38.

[99] Cushing M. J. Liquidity constraints and aggregate consumption behavior [J]. Economic Inquiry, 1992, 30 (1): 134 – 153.

[100] Czernich N. , Falck O. , Kretschmer T. , et al. Broadband infrastructure and economic growth [J]. The Economic Journal, 2011, 121 (552): 505 – 532.

[101] De Koker L. , Jentzsch N. Financial inclusion and financial integrity: Aligned incentives? [J]. World Development, 2013, 44: 267 - 280.

[102] Demirgüç-Kunt A. , Detragiache E. The determinants of banking crises in developing and developed countries [J]. Staff Papers, 1998, 45 (1): 81 - 109.

[103] Demirgüç-Kunt A. , Klapper L. F. , Singer D. , et al. The global findex database 2014: Measuring financial inclusion around the world [J]. World Bank Policy Research Working Paper, 2015 (7255): 1 - 97.

[104] Dickinson, Victoria. Cash flow patterns as a proxy for firm life cycle [J]. The Accounting Review, 2011, 86 (6): 1969 - 1994.

[105] Dinkova M. , Kalwij A. , Alessie R. Know more, spend more? The impact of financial literacy on household consumption [J]. De Economist, 2021, 169 (4): 469 - 498.

[106] Doidge C. , Karolyi G. A. , Stulz R. M. Why are foreign firms listed in the US worth more? [J]. Journal of Financial Economics, 2004, 71 (2): 205 - 238.

[107] Dupas P. , Robinson J. Why don't the poor save more? Evidence from health savings experiments [J]. American Economic Review, 2013, 103 (4): 1138 - 1171.

[108] Goldsmith, Raymond W. "Financial structure and development as a subject for international comparative study. " The comparative study of economic growth and structure [J]. NBER working paper, 1959: 114 - 123.

[109] Goldstein I. , Jiang W. , Karolyi G A. To FinTech and beyond [J]. The Review of Financial Studies, 2019, 32 (5): 1647 - 1661.

[110] Grossman J. , Tarazi M. Serving smallholder farmers: Recent developments in digital finance [J]. Focus Note, 2014, 94.

[111] Hackbarth D. , Miao J. , Morellec E. Capital structure, credit risk, and macroeconomic conditions [J]. Journal of Financial Economics,

2006, 82 (3): 519 - 550.

[112] Haider Z. A., Liu M., Wang Y., et al. Government ownership, financial constraint, corruption, and corporate performance: International evidence [J]. Journal of International Financial Markets, Institutions and Money, 2018, 53: 76 - 93.

[113] Hall B. H., Moncada-Paternò-Castello P., Montresor S., et al. Financing constraints, R&D investments and innovative performances: New empirical evidence at the firm level for Europe [J]. Economics of Innovation and New Technology, 2016, 25 (3): 183 - 196.

[114] Hasan M., Le T., Hoque A. How does financial literacy impact on inclusive finance? [J]. Financial Innovation, 2021, 7 (1): 1 - 23.

[115] Hau H., Huang Y., Shan H., et al. How FinTech enters China's credit market [C]. //AEA Papers and Proceedings. 2019, 109: 60 - 64.

[116] Hayashi F. Mobile payments: What's in it for consumers? [J]. Economic Review-Federal Reserve Bank of Kansas City, 2012: 35.

[117] Jack W., Suri T. Risk sharing and transactions costs: Evidence from Kenya's mobile money revolution [J]. American Economic Review, 2014, 104 (1): 183 - 223.

[118] Jensen M. C. Agency costs of free cash flow, corporate finance, and takeovers [J]. The American Economic Review, 1986, 76 (2): 323 - 329.

[119] Jiang W. Have instrumental variables brought us closer to the truth [J]. The Review of Corporate Finance Studies, 2017, 6 (2): 127 - 140.

[120] Jones C. I. Time series tests of endogenous growth models [J]. The Quarterly Journal of Economics, 1995, 110 (2): 495 - 525.

[121] Kaminsky G. L., Reinhart C. M. The twin crises: The causes of banking and balance-of-payments problems [J]. American Economic Re-

view, 1999, 89 (3): 473 –500.

[122] Karaman K. K. , Yıldırım-Karaman S. How does financial devel-opment alter the impact of uncertainty? [J]. Journal of Banking & Finance, 2019, 102: 33 –42.

[123] Karlan D. , Zinman J. Expanding credit access: Using random-ized supply decisions to estimate the impacts [J]. The Review of Financial Studies, 2010, 23 (1): 433 –464.

[124] King R. G. , Levine R. Finance and growth: Schumpeter might be right [J]. The Quarterly Journal of Economics, 1993, 108 (3): 717 –737.

[125] King R. G. , Levine R. Finance, entrepreneurship and growth [J]. Journal of Monetary economics, 1993, 32 (3): 513 –542.

[126] Klapper L. , Miller M. , Hess J. Leveraging digital financial solu-tions to promote formal business participation [J]. World Bank, 2019.

[127] Koomson I. , Villano R. A. , Hadley D. Effect of financial inclu-sion on poverty and vulnerability to poverty: Evidence using a multidimension-al measure of financial inclusion [J]. Social Indicators Research, 2020, 149 (2): 613 –639.

[128] Kunieda T. Financial development and volatility of growth rates: New evidence [J]. MPRA Paper, 2008 (11341): 1 –11.

[129] Kurzweil R. The singularity is near [M]. Palgrave Macmillan UK, 2014.

[130] Langemeier M. R. , Patrick G. F. Farm consumption and liquidity constraints [J]. American Journal of Agricultural Economics, 1993, 75 (2): 479 –484.

[131] Lee D. K. C. , Teo E. G. S. Emergence of FinTech and the LASIC Principles [J]. Journal of Financial Perspectives, 2015, 3 (3) .

[132] Levchenko A. A. Financial liberalization and consumption volatili-ty in developing countries [J]. IMF Staff Papers, 2005, 52 (2):

237 - 259.

[133] Levine R. Finance and growth: theory and evidence [J]. Handbook of Economic Growth, 2005 (1): 865 - 934.

[134] Levine R. Stock markets, growth, and tax policy [J]. The Journal of Finance, 1991, 46 (4): 1445 - 1465.

[135] Li J., Wu Y., Xiao J. J. The impact of digital finance on household consumption: Evidence from China [J]. Economic Modelling, 2020, 86: 317 - 326.

[136] Liu T., He G., Turvey C. G. Inclusive finance, farm households entrepreneurship, and inclusive rural transformation in rural poverty - stricken areas in China [J]. Emerging Markets Finance and Trade, 2021, 57 (7): 1929 - 1958.

[137] Ljungqvist L., Sargent T. J. Recursive macroeconomic theory [M]. MIT Press, 2018.

[138] Lucas Jr. R. E. Making a miracle [J]. Econometrica: Journal of the Econometric Society, 1993: 251 - 272.

[139] Lucas Jr. R. E. On the mechanics of economic development [J]. Journal of Monetary Economics, 1988, 22 (1): 3 - 42.

[140] Lugilde A., Bande R., Riveiro D. Precautionary saving: a review of the empirical literature [J]. Journal of Economic Surveys, 2019, 33 (2): 481 - 515.

[141] Luhrmann M., Serra-Garcia M., Winter J. The impact of financial education on adolescents' intertemporal choices [J]. American Economic Journal: Economic Policy, 2018, 10 (3): 309 - 332.

[142] Lusardi A., Michaud P. C., Mitchell O. S. Optimal financial knowledge and wealth inequality [J]. Journal of Political Economy, 2017, 125 (2): 431 - 477.

[143] Lusardi A., Tufano P. Debt literacy, financial experiences, and

overindebtedness [J]. Journal of Pension Economics & Finance, 2015, 14 (4): 332 – 368.

[144] Ma H. , Hao D. Economic policy uncertainty, financial development, and financial constraints: Evidence from China [J]. International Review of Economics & Finance, 2022, 79: 368 – 386.

[145] Modigliani F. , Miller M. H. The cost of capital, corporation finance and the theory of investment [J]. The American Economic Review, 1958, 48 (3): 261 – 297.

[146] Mushtaq R. , Bruneau C. Microfinance, financial inclusion and ICT: Implications for poverty and inequality [J]. Technology in Society, 2019, 59: 101154.

[147] Myers S. C. , Majluf N. S. Corporate financing and investment decisions when firms have information that investors do not have [J]. Journal of Financial Economics, 1984, 13 (2): 187 – 221.

[148] Pan L. H. , Lin C. T. , Yang P. C. Corporate governance, growth opportunities, and the choices of cross-listings: The case of Chinese ADRs [J]. Pacific-Basin Finance Journal, 2013 (24): 221 – 234.

[149] Pástor L, Veronesi P. Political uncertainty and risk premia [J]. Journal of Financial Economics, 2013, 110 (3): 520 – 545.

[150] Pazarbasioglu C. , Mora A. G. , Uttamchandani M. , et al. Digital financial services [J]. World Bank, 2020 (54): 1 – 54.

[151] Porter M. E. , Millar V. E. How information gives you competitive advantage [J]. Harvard Business Review, 1985, No. 85415.

[152] Quibria M. G. , Ahmed S. N. , Tschang T. , et al. Digital divide: Determinants and policies with special reference to Asia [J]. Journal of Asian Economics, 2003, 13 (6): 811 – 825.

[153] Ren B. , Li L. , Zhao H. , et al. The financial exclusion in the development of digital finance—a study based on survey data in the Jingjinji

rural area [J]. The Singapore Economic Review, 2018, 63 (1): 65 – 82.

[154] Renkow M. , Hallstrom D. G. , Karanja D. D. Rural infrastructure, transactions costs and market participation in Kenya [J]. Journal of development economics, 2004, 73 (1): 349 – 367.

[155] Romer P. M. Increasing returns and long – run growth [J]. Journal of political economy, 1986, 94 (5): 1002 – 1037.

[156] Romer P. Increasing returns and long-run growth [R]. David K. Levine, 1999.

[157] Roodman D. , Morduch J. The impact of microcredit on the poor in Bangladesh: Revisiting the evidence [J]. Journal of Development Studies, 2014, 50 (4): 583 – 604.

[158] Sarma M. , Pais J. Financial inclusion and development [J]. Journal of International Development, 2011, 23 (5): 613 – 628.

[159] Sasidharan S. , Padmaja M. Do financing constraints impact outward foreign direct investment? Evidence from India [J]. Asian Development Review, 2018, 35 (1): 108 – 132.

[160] Solow R. M. A contribution to the theory of economic growth [J]. The Quarterly Journal of Economics, 1956, 70 (1): 65 – 94.

[161] Song Q. , Li J. , Wu Y. , et al. Accessibility of financial services and household consumption in China: evidence from micro data [J]. The North American Journal of Economics and Finance, 2020, 53: 101213.

[162] Stiglitz J. E. , Weiss A. Credit rationing in markets with imperfect information [J]. The American Economic Review, 1981, 71 (3): 393 – 410.

[163] Tang H. Peer-to-peer lenders versus banks: substitutes or complements? [J]. The Review of Financial Studies, 2019, 32 (5): 1900 – 1938.

[164] Tirole, Jean. Interview with 2014 Laureate in Economic Sciences Jean Tirole [R]. Nobel Prize Committee, 2014.

[165] Tone K. A slacks-based measure of super-efficiency in data envel-

opment analysis [J]. European Journal of Operational Research, 2002, 143 (1): 32 – 41.

[166] Van Dijk J. , Hacker K. The digital divide as a complex and dynamic phenomenon [J]. The Information Society, 2003, 19 (4): 315 – 326.

[167] Vinge V. The coming technological singularity: How to survive in the post-human era [J]. Science Fiction Criticism: An Anthology of Essential Writings, 1993: 352 – 363.

[168] Wang H. , Zhang L. , Hsiao W. Ill health and its potential influence on household consumptions in rural China [J]. Health Policy, 2006, 78 (2 – 3): 167 – 177.

[169] Xiao K. Saving lives versus saving livelihoods: Can big data technology solve the pandemic dilemma? [J]. Covid Economics, 2020, 57: 19 – 24.

[170] Xu J. China's internet finance: A critical review [J]. China & World Economy, 2017, 25 (4): 78 – 92.

[171] Yang D. , Chen P. , Shi F. , et al. Internet finance: Its uncertain legal foundations and the role of big data in its development [J]. Emerging Markets Finance and Trade, 2018, 54 (4): 721 – 732.

[172] Yin Z. , Gong X. , Guo P. , et al. What drives entrepreneurship in digital economy? Evidence from China [J]. Economic Modelling, 2019, 82: 66 – 73.

[173] Zhang G. , Han J. , Pan Z. , et al. Economic policy uncertainty and capital structure choice: Evidence from China [J]. Economic Systems, 2015, 39 (3): 439 – 457.

[174] Zhang Y. , Jia Q. , Chen C. Risk attitude, financial literacy and household consumption: Evidence from stock market crash in China [J]. Economic Modelling, 2021, 94: 995 – 1006.

［175］Zhao C. , Wu Y. , Guo J. Mobile payment and Chinese rural household consumption ［J］. China Economic Review, 2022, 71: 101719.

［176］Zhong W. , Jiang T. Can internet finance alleviate the exclusiveness of traditional finance? Evidence from Chinese P2P lending markets ［J］. Finance Research Letters, 2021, 40: 101731.

［177］Zhou G. , Fang G. Internet Usage and Household Entrepreneurship: Evidence from CFPS ［J］. Economic Review, 2018, 5: 134 – 147.

［178］Zhu C. Big data as a governance mechanism ［J］. The Review of Financial Studies, 2019, 32 (5): 2021 – 2061.

［179］Zhu Z. , Ma W. , Leng C. , et al. The relationship between happiness and consumption Expenditure: Evidence from rural China ［J］. Applied Research in Quality of Life, 2021, 16 (4): 1587 – 1611.